记忆中的鲁迅

俞芳　金锵　著

U0889887

开明出版社

鲁迅在北京住过的地方

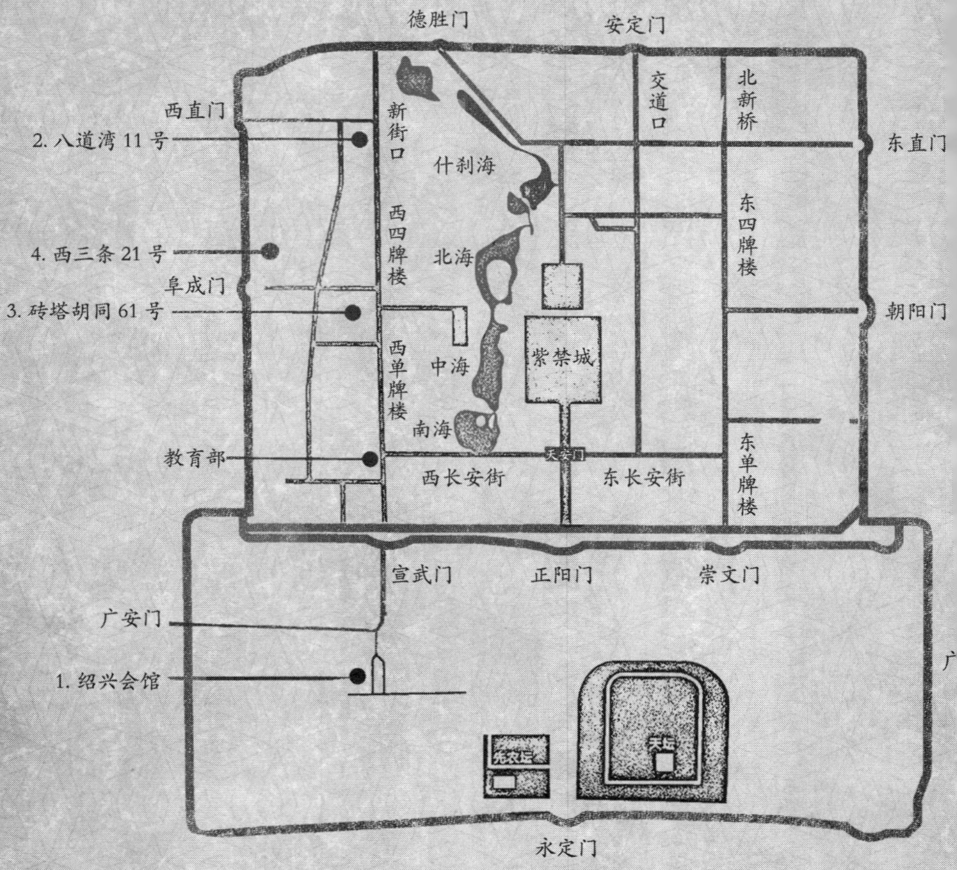

鲁迅在北京生活、工作将近十五年的时间里，

曾经住过的地方有四个：

宣武门外绍兴会馆、八道湾胡同 11 号、

砖塔胡同 61 号和西三条胡同 21 号。

砖塔胡同61号北屋鲁迅住室，

他在这里创作了《祝福》《在酒楼上》《肥皂》等小说，

以及《娜拉走后怎样》《未有天才之前》等演讲稿。

鲁迅在弘文学院江南班第一个剪去象征民族压迫的辫子，

拍照留念，并作《自题小像》七绝一首：

灵台无计逃神矢，风雨如磐闇故园。

寄意寒星荃不察，我以我血荐轩辕。

鲁迅赠送给许寿裳的照片，

背面有许寿裳题字："鲁迅廿四岁小像 一九〇四在东京"。

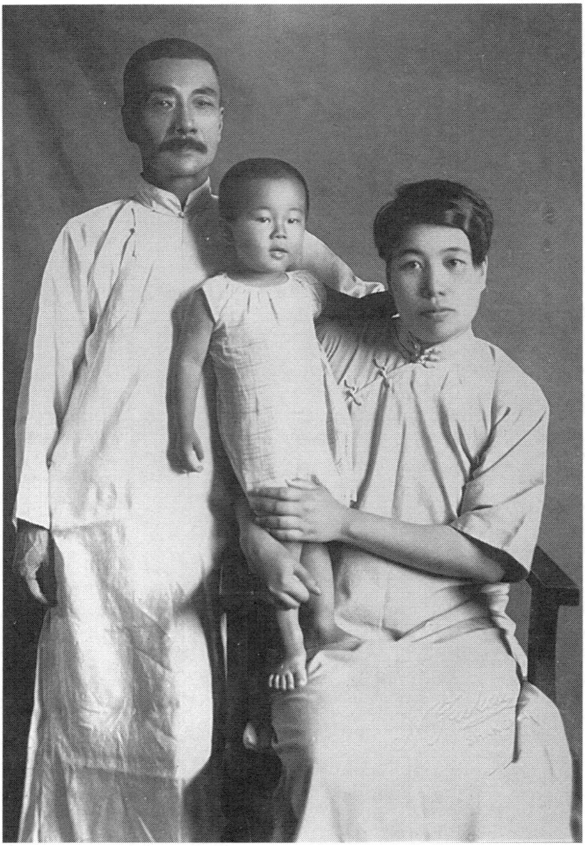

1931 年 7 月 31 日鲁迅全家福

1927 年 10 月 3 日，鲁迅和许广平从广州来到上海，
10 月 4 日，鲁迅、许广平与前来探望的亲友
周建人（前排左 1）、孙福熙（后排左 1）、
林语堂（后排左 2）、孙伏园（后排左 3）合影。

鲁迅、萧伯纳、蔡元培合影

1932 年，鲁迅在北平师范大学演讲。

野草
魯迅著

魯迅
彷徨
魯
魯迅

一点回忆

只能

寄怀念

与

敬仰之情

于万一

——俞芳

序

朱永新

一年前，顾明远先生给我发来俞芳老师的《我记忆中的鲁迅先生》一书，同时嘱咐我：

> 我推荐你看看这本书。一般认为鲁迅是很严肃的人。读了这书才知道鲁迅非常有童心，有情趣。俞芳是鲁迅住在砖塔胡同的小邻居，小朋友。此书出版于1981年，我觉得可以再版。你看开明出版社能否重版？

按照顾先生的要求，我认真阅读了，从中知道了许多鲜为人知的鲁迅故事，同时受顾先生之托把这本书推荐给了开明出版社。

我非常乐于推荐这本书，主要基于两个考虑：

第一，我希望给青少年一个更加全面更加“可爱”的鲁迅。现在的孩子们，从小开始接触鲁迅，往往“既爱又恨”。“爱”自不待言，因为鲁迅是中国现代最伟大的文学家和新文化运动的重要代表人物，写下了许多脍炙人口的文章和寓意深刻的文学作品，他的杂文、散文、小说等早已成为青少年的必读名篇。至于“恨”，主要是鲁迅经常成为各种考试的“主角”，任何阅读一旦被应试教育绑架，自然会索然无味，甚至讨厌逃避。这本书，无疑会让青少年更加感知到认识到鲁迅的“可爱”，这些在俞芳的回忆中体现得淋漓尽致，辛辣文字中掩藏不住的幽默风趣、横眉冷对时的坦然无惧，恰是他生活的真实反映。但温暖、宽宥的长者鲁迅却是我们少见的，值得青年们常读常新。

第二，我希望人们能够看见作为教育家的鲁迅。在撰写《中华教育思想史》的时候，我也认真阅读了鲁迅先生关于教育的文字，感受到这位严肃冷峻的文学家同时也是充满大爱的教育家。鲁迅先生曾经做了 15 年之久的教育部官吏，又兼任了十多年的教师，在教育方面有许多精辟、独到的见解。

鲁迅先生曾经非常感激地回忆起日本留学时的老师藤野先

生对他“热心的希望，不倦的教诲”。他深情地写道，这个普通的教师，“在我的眼里和心里是伟大的，虽然他的姓名并不为许多人知道”。

在北师大附中的一次演讲中，鲁迅热情地赞美了培养花朵的“泥土”，他指出，这泥土“不是坚苦卓绝者，也怕不容易做；不过事在人为，比空等天赋的天才有把握。这一点，是泥土的伟大的地方，也是反有大希望的地方。而且也有报酬，譬如好花从泥土里出来，看的人固然欣然的赏鉴，泥土也可以欣然的赏鉴，正不必花卉自身，这才心旷神怡的——假如当作泥土也有灵魂的话”。这“泥土”就象征着教师的形象。

为了培养年青的一代，鲁迅先生甘当“人梯”，愿做“泥土”，甚至宁愿做“会朽的腐草”。正是出于对青年一代的热爱，他“把别人喝咖啡的工夫都用在工作上”，但对培养青年却从不吝啬时间，“在生活的路上，将血一滴一滴地滴过去，以饲别人，虽自觉渐渐瘦弱，也以为快活”。

鲁迅先生知识十分渊博，在文学和历史等社会科学领域通晓古今中外，在自然科学领域也有一定造诣，但他觉得教书是很吃力的，仍怕上讲台，讲空话，误人子弟，在《北京通信》中，鲁迅写道：“我自己，是什么也不怕的，生命是我自己的东西，所以我不妨大步走去，向着我自以为可以走去的路；即使前面是深渊、荆棘、峡谷、火坑，都由我自己负责。然而向青年说话可就难了，如果盲人瞎马、引入危途，我就该得谋杀许多人命的罪孽。”

鲁迅先生在教学活动中也总是身体力行，兢兢业业，诲人不倦，一丝不苟。在给许广平的一封信中，他曾提到，为了教好书，就“要预备足”。这是他从事教学工作的经验之谈。鲁迅从日本归国之初，在杭州任教时，就经常“灯下看书，每至深夜”。

鲁迅对那些不负责任、不学无术、误人子弟的所谓“导师”或教员深恶痛绝。在小说《高老夫子》中，鲁迅塑造了一个满身沾满遗老臭味的历史教员“高老夫子”。这人自诩“学贯中西”，标榜“整理国史”，且经常哀叹“世风有些可虑”，但其实不过是一个整日“打牌、看戏、喝酒、跟女人”的家伙。鲁迅通过他在课堂上的丑态、窘相的描绘，鞭挞了当时教育制度对学生的摧残，揭露了这个封建卫道士虚伪而腐朽的灵魂。鲁迅告诫青年不要跟那些“糊涂的导师”走，“青年又何须寻那挂着金字招牌的导师呢？不如寻朋友，联合起来，同向似乎可以生存的方向走。你们所多的是生力，遇见深林，可以辟成平地的，遇见旷野，可以栽种树木的，遇见沙漠，可以开掘井泉的，向什么荆棘塞途的老路，寻什么乌烟瘴气的鸟导师?”

鲁迅先生认为，作为一个教师，就必须了解受教育者身心发展的规律，懂得一些心理学和教育学，也就是要“知道孩子的世界”。他曾经作了一个形象的比喻，“要下河，最好事先学一点浮水工夫”。鲁迅在《我们现在怎样做父亲》一文中指出，要教育好孩子，“开宗第一，便是理解”，因为“孩子的世界，与成人截然不同；倘不先行理解，一味蛮做，便大碍于孩子的发达。所以一切设施，都应该以孩子为本位”。鲁迅还指出应当重视儿童心理发展的不平衡性和个别差异性，要求教育者在指导过程中，“决不能用同一模型，无理嵌定”。

鲁迅认为，当时的教育，“不过是制造许多适应环境的机器的方法”，主张“要适如其分，发展各各的个性”，“用全部精神，养成他们有耐劳作的体力，纯洁高尚的道德，广博自由能容纳新潮流的精神”。鲁迅先生在许多文章中还具体分析了儿童心理的特点。在《从百草园到三味书屋》这篇回忆散文中，他以亲切动人的笔触，回忆自己童年时入塾读书前后的生活，将天真烂漫的儿时游乐与入塾后的刻板读书生活作对比，抨击了束缚儿童身心健康发展的封建教育。鲁迅认为，孩子们思路开阔、思维敏捷，所以教师一定要有渊博的知识。“孩子们是可以敬服的，他常常想到星月以上的境界，想到地面下的情形，想到花卉的用处，想到昆虫的言语；他想飞上天空，他想潜入蚁穴”，因此，做教师的如果没有“上至宇宙之大，下至苍蝇之微”，这样一些“切实的知识”，是“决难胜任的”。

鲁迅先生也看到儿童的思维是从具体形象思维到抽象逻辑思维，从感性认识到理性认识的特点，主张尽可能提供感性材料，动员学生的多种感官参加知觉过程。在《连环图画辩护》一文中，他指出：“用活动电影来教学生，一定比教员的讲义好。”他深感，将来“不但生物学，就是历史地理，也可这样办”。

鲁迅先生还指出，青年们“十之九是感觉很敏，自尊心也很旺盛的”，所以他对待青年总是十分慎重，对青年的幼稚和缺点从不嘲笑、苛责，相反，他总是循循诱导，积极鼓励。在《“感旧”以后》这篇杂文中，鲁迅写道：“现在有两个人在这里：一个是中学生，文中写‘留学生’为‘流学生’错了一个字，一个是大学教授，就得意洋洋作了一首诗，曰：先生犯了弥天罪，罚往西洋把学流，应是九流加一等，面筋熬尽一锅油。我们看罢，可笑是哪一面呢？”鲁迅还坚决反对粗暴简单的教育方法。他指出，从前的塾师，学生背不出书就打手心，但愈打愈背不出，还是不要催促好。鲁迅还对顾黎民说，希望对方有记性，将来上了年纪，不要再随便打孩子。不过孩子也会有错的，要好好地对他说。

尽管鲁迅先生并不是一位形成了独立理论体系的教育家，他的教育生涯中大部分时间是用于从事文学活动和革命活动，他的教育思想主要散见于大量的杂文、书信、小说之中，十分零碎，但我们还是认为，鲁迅关于教育问题的论述，是值得青少年学生和我们每一个教育工作者认真学习和研究的。

感谢顾明远先生为我们推荐了这本十分难得的鲁迅读物。顾先生的岳父周建人先生是我们民进中央的重要领导人，也是鲁迅的亲弟弟。鲁迅对他的成长特别关心，在日本留学时就邮寄过许多生物学的著作给周建人，帮助他走上了生物学的研究道路。我在编写《周建人教育文选》时，也得到顾先生的鼎力相助。多年前，我拜读过顾明远先生撰写的《鲁迅教育思想研究》一书，很受启发。几十年来，顾先生无微不至地关心我的成长，许多细节感人至深。

感谢中国作家协会副主席阎晶明先生为这本小书撰写了热

情洋溢的推荐语。作为鲁迅研究的专家，他一直鼓励向青少年普及鲁迅的思想与生平，他最想向青少年朋友讲述的是这样的鲁迅：一位孜孜不倦的求索者，一位把自己的人生追求融入对国家、民族命运的思考中，并为之奋斗的中国人。他做到了。在他和俞芳老师的文字中，我们的确看到了一个这样的鲁迅。一个有血有肉、生动丰富的鲁迅。希望有更多的青少年通过阅读他们的著作，走进鲁迅的生命之中，以此为生命的榜样与自我镜像，成为卓越的读者，成为更好的自己。

最后，感谢开明出版社认真编校，精心出版了这本早已绝版的书籍，让我们认识了生活中真实的鲁迅。

2023 年 6 月 12 日

写于北京滴石斋

目录

我记忆中的鲁迅先生

鲁迅的学生忆鲁迅

我记忆中的鲁迅先生

俞芳

序

鲁迅和周作人决裂以后，从八道湾的住宅搬出来，就搬到了砖塔胡同61号暂住，那是1923年8月初的事。在砖塔胡同住到第二年的5月下旬。这段时间虽然不长，不到十个月，但在鲁迅的生活上却是一个不平常的时期。

鲁迅在八道湾的时候就开始撰写《中国小说史略》。记得他那时住在南房，屋子里书架上、桌上、炕上都堆着各种小说。但校订工作则是在砖塔胡同的拥挤而嘈杂的小屋里完成的。在这里，他还写了《彷徨》中的《祝福》《在酒楼上》《幸福的家庭》和《肥皂》四篇小说。在短短的九个多月里，他还完成了《嵇康集》的校勘工作，写了《宋民间之所谓小说及其后来》，做了《娜拉走后怎样》和《未有天才之前》的重要演讲等等。

住在砖塔胡同的时候，也是鲁迅生活最困难的时期。鲁迅受周作人和日本女人的欺侮，气出了一场大病，持续了一个多月。但是他顽强地和疾病作斗争。他带病给北京大学，北京高师（后来的师大），北京女高师（后来的女师大）以及世界语学校讲课，奔波于东西城之间；他带病写文章，常常彻夜不眠；为了找个安静住所，他四处奔走寻觅房子，终于在阜城门内西三条找到了一所破旧的四合院，于是向友人借钱买了下来；此后又是雇工修缮，一直忙到第二年的夏初搬进去，才总算稍稍安定下来。

鲁迅在这一段时间内的作品已是为大家所知道的。但他在这个时期的生活情况，知道的人却不多。俞氏三姊妹（俞芬、俞芳、俞藻）和鲁迅在砖塔胡同相处了九个多月，以后又常常到西三条胡同去。鲁迅南下以后，俞氏三姊妹还常常去照看鲁太夫人，所以，她们是很了解鲁迅当时的情境的。现在俞芳同志把当时的情况回忆记录下来，这是件十分有意义的工作，是鲁迅研究难得的材料。

鲁迅是很喜爱儿童的。他把儿童看作是民族的未来，中国的希望。但是他认为对儿童要有一个正确的教育。他反对两种错误的教育方法：一种是粗暴压服的方法，对儿童非打即骂，使得儿童从小低声下气，目光呆滞，思想愚钝，父母却以为听话，而长大以后不会独立思考，没有创新精神；另一种是放任自流，娇生惯养，儿童在家里成了霸主，要什么，父母就答应什么，待到走出家门，走到社会，却一无用处，什么都不会。鲁迅认为，对儿童要循循善诱，教给他们科学文化知识，使他们明辨事理；父母要了解儿童的心灵世界，懂得他们的兴趣和爱好，儿童天真活泼，喜欢游戏，有爱美的天性，有丰富的想象力。父母就要根据这些特点，用丰富的精神粮食去哺育他们，使他们健康活泼地发展，成为高尚文明的人。俞芳同志回忆了她童年时和鲁迅相处的日子，从这些回忆中也可以看到鲁迅的教育思想，这些思想就是对今天的父母来说也仍然很有意义。

今年是鲁迅诞辰一百周年。俞芳同志的回忆录《我记忆中的鲁迅先生》，是对鲁迅的最好的纪念。

周建人

1981 年 3 月 10 日于北京

我记忆中的鲁迅先生

1981年9月25日是伟大的文学家、思想家、革命家鲁迅先生诞辰一百周年纪念日。我在十二三岁认识鲁迅先生，直到他离开北京。跟他时常见面，受到过他的热情关怀和亲切教诲。以后，鲁迅先生两次回北京，我都去看望，并且听过他的讲演。鲁迅先生逝世已经四十五年了。四十五年来，先生生前的教诲，时时响在我的耳边，如今追忆当年情景，不禁激动万分。这里写一点回忆，只能寄怀念与景仰之情于万一。

鲁迅先生在砖塔胡同

我妈妈死后，大姐提议由她带我和三妹到北京读书，爸爸同意了。但大姐当时才二十岁，我八岁，三妹六岁，三个女孩子，带了行李，由哈尔滨到北京，爸爸不放心，就把这事和他的同事钮伯伯商议。钮伯伯是南方人，当时他也在哈尔滨中东铁路局工作，家眷却留在北京。他在北京的房子是租来的，地点就是砖塔胡同 61 号。钮伯伯家，除钮伯母外，只有一个女儿，也是八九岁；此外还有一个保姆。七间房子对于钮伯伯家来说是够宽裕的，所以我父亲和钮伯伯商定，乘钮伯伯回北京探亲之便，把我们带到北京。这样我们一到北京就住在砖塔胡同 61 号，和钮伯母她们住在同一个院子里。约莫过了两年，钮伯伯在南方找到了工作，全家搬回南方，并把他家住过的北屋三间，让给王剑秋伯伯租用。1923 年春，王伯伯一家搬到青岛去了；他们住过的三间北屋，一直空着。有一次我的大姐邀请太师母（我们三姐妹对鲁迅先生母亲的称呼）来我家吃饭，饭桌就摆在北屋里，太师母曾问起这三间房子为什么空着，大姐说：因为没有找到合适的邻居。万一邻居不好，搬进来容易，请出去就难了。因此我们在砖塔胡同有三间北屋空着，太师母是清楚的。

后来大先生（我们三姐妹对鲁迅先生的称呼——下同）、二先生（周作人）发生分歧，大先生不愿再在八道湾住下去，打算尽快搬出，但是一时找不到房子，心情十分焦急。大先生和太师母商量，太师母告诉大先生说：俞芬三姐妹住的院子里，有三间北屋空着，只是屋子小，比这里的屋子差……大先生听了，认为房子好坏不拘，只求早点搬出就好了，因为一则是暂住，二则是急需，邻居是同乡，又是三先生（周建人）的学生，而且俞芬姐妹的父亲俞英厓先生，经蔡元培先生介绍，大先生是认识的。经过实地看屋，决定先搬砖塔胡同作为暂时栖身之所，同时另找合适的房子，再作长居之计。于是太师母就托大先生的学生孙伏园、许钦文再转托许羡苏姐姐和大姐商量。大姐听说大先生家要搬来，当然同意。这些关于大先生，大师母（即朱夫人）搬来砖塔胡同的经过情况，是太师母事后告诉我的。当时我和三妹因年纪小，并不清楚。

只记得在7月下旬的一个晚上，大姐把我（当时实足年龄十二岁）和三妹（当时实足年龄十岁）叫到跟前，激动而严肃地说："大先生一家就要搬来了，他们是喜欢安静的，以后你们不能吵吵闹闹，只能斯斯文文。"她看我们一时没有答话，就威胁说："不听话，小心我的扫帚柄！"我想，太师母到我家来做过客，她是一位慈祥的老人，很喜欢小孩子。她老人家的大儿子怎么样呢？不知道。听大姐的口气，大概有些"凶"吧？我打定主意，以后要"多加小心"，不可"轻举妄动"，免得自讨苦吃。

8 月2 日下午，大先生一家搬来了。记得大先生初搬来时，他身穿白夏布长衫，留着短胡须，神情严肃，脸上没有一点笑容，当时我真有点怕他。我和三妹走上前去，叫了一声“大先生”，并向他深深地鞠了一个躬；再向站在他旁边的大师母也鞠了一个躬，就跑到自己住的西屋里去了。但又很好奇，从窗户里偷偷往外看他们。此后一连几天，都不敢轻易接近。又过了几天，情况有了转变。我首先发现大先生很注意我们小孩子的行动。我在院子南面小土堆上种了一株“独叶芋艿”，过去从来没人注意过，而他搬来不久就问我：“为什么你种的芋艿总是只有一片叶子的呢？”我说：“新叶出来了，又嫩，又绿，老叶颜色太深，不好看，我就把老叶摘掉了。”他告诉我，这样芋艿是种不好的，叫我以后不要把老叶摘掉了。这时在一旁的大姐已经熬不住，在骂我“呆”了，可大先生却微笑着对她说：小孩子总有小孩子的想法和做法的，对他们的幼稚可笑的行动，要多讲道理，简单的指责和呵斥，并不解决问题。

大先生搬来不久，就送我和三妹各一盒积木，平时也常买糖果、点心给我们吃。我们玩着有趣的玩具，吃着美味的糖果，逐渐觉得大先生非但不“凶”，而且是一位和蔼可亲的长辈。于是，我们把大姐过去对我们的一番“教训”、可怕的“扫帚柄”等等，一股脑儿都丢在脑后了。

大先生对孩子从不摆架子，很民主。我的生肖是猪，三妹的生肖是牛，他就叫我们“野猪”“野牛”。我们也没大没小地叫他“野蛇”（大先生的生肖是蛇）。这在现在并不稀奇，而在半个多世纪前的旧中国，孩子这样对长辈，是会被认为很不礼貌的行为。而他不但不生气，反而笑着问我们：“蛇也有不是野的吗？”一句话逗得大家都笑了。

大先生平时很忙，但每当我们请他帮忙，向他提出这样那样的要求时，他非但不拒绝，而且总是尽快认真地办好。记得那时太师母和大先生常把香烟盒里的图片和锡纸反面的衬纸，分给我们玩。我把这些衬纸钉成一个小本子，写了一篇童话，文字当然是很不通顺的，什么老虎呵、兔子呵等等动物都搬了上去，请大先生批改。他高兴地接过去了，且第二天就改好了。我用铅笔写，他用毛笔改。错别字改正了，文字通顺了。我不会点标点符号，他给我加上了标点。大概为了尽可能保留原意吧，所以改动不大，但通篇都看过。交给我时，他还说了几句鼓励的话，我听了真开心。

那时我们喜欢用彩色油光纸做“小人”玩，可是不会画人头，就请大先生画。对于这些小事，他也是一口答应，而且要我们提出具体要求，如头型大、小，男、女、老、少等等。他有时即刻画，“立等可取”；有时晚上画，第二天给我们。他画得又认真，又好。由于他既不拒绝，画得又好，于是我们就经常去麻烦他了。

那时，我们在笃志小学读书。有一次，我们班地理常识课老师，要部分学生请家长把各省的省会、主要出产、气候等等，用毛笔填写在卡片上。我和三妹分配到填长江流域各省的卡片，我们就请大先生写。他不但供应我们卡片纸，而且用正楷书写。我们拿到这套卡片时，非常高兴，第二天，到学校马上交给老师。老师认为我的这套卡片写得特别好，在班级上表扬了我们。回家时，我们向大先生说了，他微笑着说：“我写的卡片受到你们老师称赞了吗？真是不胜荣幸之至。”这套卡片后来在学校展览会展出过，留在学校了。大先生知道这事后，又幽默地说：“不胜荣幸之至。”

有一次，大姐不在家。我和三妹放学回来，在自己屋里做作业，我削铅笔时不小心，把铅末弄到眼睛里去了，我叫三妹帮我“吹”，吹也吹不出。我连忙用手乱揉，可是越揉越痛，眼睛都红了，就像哭过似的。怎么办呢？赶快去找大师母，可是大师母也吹不出。眼睛非常痛，可怎么好呢，我急得很。凑巧，大先生下班回来了，他看我在他们屋里两手蒙着眼睛，和蔼地问我怎么了？我哭丧着脸，把刚才发生的事告诉了他。大先生安慰我说：先不要着急，我来给你看看。他看过后，叫大师母把温开水倒在洗净又用开水泡过的茶壶里，然后大先生用茶壶里的温开水给我冲洗眼睛，冲了一阵，他问我：觉得怎么样？我说：好些了，可是还有点痛。大先生再一次看看我的眼睛说：铅末大约是冲出去了。现在的痛可能是你自己当时用力揉搓眼睛，铅末划破了你的眼睑的缘故，过一会，就会好些的。

过了一会，吃过晚饭，眼睛不痛了；我到大先生屋里向他道谢。大先生微笑着说，谢倒不用谢，只是以后做事要小心，削铅笔特别削铅芯时，眼睛要离得远些。要记住万一以后有灰沙、铅末等物掉在眼睛里，切不可用手去乱揉搓，要轻轻地用手帕揉眼皮，把这些东西推到眼缝，再揩出来。最好的办法，还是冲洗。最后他向我简单地谈了保护眼睛的重要性，要我们注意保护眼睛。大先生不但不怕麻烦，很快给我医治好了眼睛，还主动关心要我们注意保护眼睛，我是多么感激这位慈祥而又好心的长辈呵！

大先生认为好玩、好奇心是孩子们的特点，对孩子不但不能横加阻拦；而要多方启发，满足他们的求知欲望。

有一天，太师母讲起绍兴的习俗说：阴历七月初七，把绣花针投在水里（这种水是盛在碗里的），不会下沉，而且在太阳光照射下，碗底会出现各种各样的影子，据说，这影子就象征着投针人的前途、命运。又说要把水舀到碗里，最好在七天前准备好，放在院子里，经过日晒、月照、风吹、雨淋。这引起了我和三妹的极大兴趣，早早准备好一碗水，放在院子里。到七月初七那天中午，太师母、大师母和我们三姐妹，都往碗里投了绣花针。果然，针没有下沉，而且在阳光下，在碗底显出了各种影子。我们请大先生也来投一枚针，他投了。我们就乱猜影子像这像那，我说影子像笔，三妹说影子像有柄的裁纸刀。大先生就分析给我们听：因为水放在外面的日子多了，水面上浮了一层灰尘，结了一层“皮”，绣花针本身轻，所以能浮在水面上。至于影子，是由于各人站的角度不同，投针人投针的方向不同；加上水面的尘埃，光线经过折射，就显出不同的形状的影子；影子像什么，那只是人们自己的解释而已；至于象征命运、前途等等，是没有根据的。

接着，大先生问：你们知道火是怎样着起来的？我马上回答：火柴点的。大先生说：不错。又问：还有别的方法点火吗？三妹说：到火炉里去引火。听了她幼稚的回答，大家都笑了，大先生也笑着肯定了她的回答。然后告诉我们：太阳也可以点火的。我们有点怀疑地问：真的吗？点点看。大先生就用放大镜把太阳光聚成焦点，把已熄灭的“媒”头纸燃过的一端放在焦点上，不多时，“媒”头纸冒烟了，点燃了。我们当时觉得好像看魔术一样，太新奇了；于是，大先生又讲了一些光学的物理常识。大先生就这样不仅和我们一起玩乐，还随时对我们进行一些科学知识教育。

大先生一家，在砖塔胡同住的北房三间，总面积不过三十多平方米。房间很小，白菜、劈柴都堆放在书架边、床底下。特别是大先生住的那间，是卧室、会客室兼全家餐室，晚上还是他的工作室，确实拥挤不堪。院里虽然只住我们两家，但我和三妹年幼无知，好玩耍，整天吵吵嚷嚷，搞得整个院子乱哄哄的，很不安静。记得有一次，我们在太师母房里大声说笑，大先生过来笑着对我们说：“你们讲话，声音不可太响，因为我在写文章，如果听见你们的说话声，我就会把这些话写进去的。”这样，我们才收敛些，可是怎么记得牢呢？过些时候讲得高兴时，声音又响起来了。当时我们的吵闹嬉笑，不知耗费了大先生多少宝贵的时间和精力，至今想起还深感内疚和不安。

大先生当时是很忙的。他在教育部办公，又在北大、北师大、女师大、世界语学校等校兼课，要接待来访的客人，还要抽空去照料西三条房屋的修建事务等等。在这样繁忙的情况下，他每天都要看书、写文章或翻译，这些事有时是抱病进行的。他经常在夜深人静时写作，一杯浓茶，不断冲泡，淡了再加茶叶，这是为了提神；劣质香烟一支接着一支，这是兴奋剂；饿了吃些点心。就这样，有时通宵达旦，拂晓睡上两三个钟头，就到教育部办公，又开始第二天的工作了。计算起来，大先生睡眠的时间，是极少的。

就是在这样艰苦的条件下，短短的九个多月中，大先生创作了《彷徨》中的《祝福》《在酒楼上》《幸福的家庭》和《肥皂》四篇小说，还继续着《中国小说史略》的校订和《嵇康集》的校勘工作，又写了《宋民间之所谓小说及其后来》，以及《娜拉走后怎样》《未有天才之前》的讲演稿等。此外还翻译了用作讲义的文艺理论……大先生这种夜以继日努力工作的精神，给我们留下很深刻的印象。

1924 年 5 月 25 日，大先生一家搬往西三条新屋。我们姐妹三人也在同一天搬离砖塔胡同 61 号。为了照顾我们，大先生叫我们先走一步。向房东办理交回房子的手续，在门口贴两家搬住的新地址等等琐事，全由他一人承担。

和大先生分别，真是依依不舍呀。九个多月时间，在人的一生中，只是短暂的一瞬，但在砖塔胡同和大先生相处的这些日子里，他那诲人不倦的精神，亲切慈祥的态度，在我幼小的心灵里，却留下了不可磨灭的印象。虽然已经过去了五十多年，但一桩桩、一件件依然历历如在目前。这些，不是几句话说得尽，几篇文章能写得完的呀！

不是笑话的笑话

鲁迅先生有空时，我们就请他讲故事，说笑话。他讲起来娓娓动听，讲到好笑处，我们笑得前仰后倒，可他却一本正经，像没事儿似的。

有一次，他讲了一则笑话：有一家人家，只有三个人：爸爸、妈妈和一个十来岁的孩子。一天，爸爸妈妈出去了，家里只留孩子看家。孩子正感到寂寞无聊，忽然听到敲门声，开门一看，是个陌生人，来找爸爸妈妈的。他问孩子：“令尊、令堂在家吗?”孩子不懂令尊、令堂是什么意思,瞪着眼睛发呆,想了半天,才说:我吃过许多“糖”,可没有吃过“令糖”。来人笑笑走了。爸爸妈妈回来了,孩子告诉他们。不料他爸爸不听则已,越听越气,拍桌大骂:“令尊就是我,令堂就是你娘,呆虫!”孩子被骂得糊里糊涂,又看到爸爸生这样大的气,虽然不懂,也不敢问,这几句话却记住了。过了几天,爸爸妈妈又出去了,还是留下孩子看家。凑巧,上次来过的陌生人又来了,问道:“令尊、令堂呢?”孩子马上回答:“令尊就是我,令堂就是你娘,呆虫!”对专制教育的嘲笑,真是入木三分。

还有一次,大先生讲自己初教书时的故事。他从日本回来,在浙江杭州两级师范学堂做化学和生理学教员。他说那些学生有些是秀才出身,留着长辫子,他们中有的年纪已经很大了,而他自己当时虚岁只有二十九岁,看上去很年轻。许多年长的学生,在背后偷偷地开玩笑:有的说,这么小的教员,我的儿子比他还大呢,有的说,我的孙子比他还大呢!总之,当时大先生和他的学生,是年轻的教员和年长的学生。大先生笑笑说,这些学生年纪虽大,但也很淘气。有一次上化学课,讲硫酸。大先生告诉学生硫酸的腐蚀性很强,要是皮肉上蘸到一点，就会感到像被胡蜂螫了一样痛。……后来做实验时，突然有一个学生手按后头颈，叫了起来。原来是另一个学生用竹签蘸了一点硫酸，偷偷地在他的后头颈上点了一下，他痛得叫了起来。大先生赶快过去给这个学生搽药止痛。

另一次讲氢气，做氢气的点燃演示实验。大先生把烧瓶中的纯氢等等实验用品拿到教室里时，发现忘记了带火柴，就回到办公室去拿。他离开教室时，关照学生千万不要放空气进烧瓶，否则点火时烧瓶要爆炸的，大先生回到教室，一边讲氢气不能自燃，但可以点燃；一边动手做演示实验。他把划着的火柴，往氢气瓶里点火，说时迟，那时快，只听得“啪”的一声，烧瓶爆炸了。大先生的双手炸伤了，鲜血淋漓，溅在点名册、讲桌和自己的衣服上。……可是此刻他顾不上自己的伤痛，只怕学生受伤，因为这是在教室讲台上做演示实验，如果学生受伤，那就不是手受伤，而是脸部受伤了。他急忙扫视一下学生，这才放了心——原来前面两排的座位都空着。大先生幽默地说：原来他们放进了空气，都后撤了。

大先生接着感慨地说：可见这些年长的学生，对我这个青年教员讲的话，是既不相信又相信，因为不相信，所以要试一试；因为相信，所以要在别人身上去试。

简单几句话，深刻地揭示了某些人心灵深处的污垢。讲这故事时已事隔十几年了，大先生谈起这些往事，并没有埋怨学生的神情；但是当时他那种对学生爱护备至的精神，以及他对人对事观察的深邃，却给了我至深的印象。

最可信赖的长辈

离开砖塔胡同，我和三妹转入培根小学读书。按学校规定，每个新生入学，都要填写一张保证书。找谁给我们做保证人好呢？想来想去，我们想到大先生，于是就到西三条去向大先生请求。到了西三条，走到大先生跟前，我心里又有些顾虑，怕他不肯。谁知待我们提出要求后，大先生并没有因为我们是“小学生”而拒绝我们的要求，他一口答应，当即为我们填好保证书，盖上图章。把保证书交给我们时，他很和蔼地说，要好好学习呀。大先生是我们最崇敬、最可信赖的长辈。

跟杨荫榆之流的斗争

发生女师大风潮时，我在女师大附小读书，对女师大风潮的详细情况，不很清楚，只是从大人的谈话中，特别从大先生的谈话中，知道杨荫榆是个坏家伙。她专制、阴险，开除学生，解散学校，无所不为。这次风潮主要是由她引起的。

记得在女师大风潮激化时，有一天，我们三姐妹去西三条。太师母说，大先生现在很忙，日日夜夜都在外面。后来知道大先生在女师大风潮中，主持正义，与进步师生并肩战斗，应该校学生会邀请，参加女师大校务委员会，对以北洋军阀为后台的杨荫榆等反动家伙，展开不妥协的斗争。

提起杨荫榆，倒使我记起一桩往事来：听太师母说大先生搬到西三条不久，杨荫榆来找过大先生，说是送聘书来的，当时大先生婉言谢绝。后来为学生的学业着想，才收下聘书的。

风潮发生之后，杨见大先生站在进步学生一边，坚决反对她和她的党羽，于是视若眼中钉，想方设法，要把大先生挤走。这时大先生却断然说："现在想把我挤走，我是无论如何不走的。"

在女师大风潮中，杨荫榆和大先生斗了几个回合，败了下来。但是她不死心，终于抬出她的顶头上司——教育部总长——章士钊来为她"解围"。章士钊开始对大先生进行利诱，叫人传话给大先生说："你不要'闹'，将来给你当女师大校长。”大先生光明磊落，义正词严地回答：“我‘闹’，并不是想当女师大校长。”章士钊见此计不成，又换一招，竟利用职权，非法免去了大先生教育部佥事的职务。这样一来，大先生可不饶他了，写了状子，和他打官司。在大先生被撤职期间（1925 年 8 月至 1926 年 1 月），我们为大先生担忧。而大先生却胸有成竹，泰然处之。他始终理直气壮，据理力争。直到 1926 年 1 月，大先生的官司打赢了，复职了，消息传来，大家都很高兴，而大先生却并不在意。记得当时教育部有很多人到他家给他“贺喜”，大先生也淡然处之，有时，甚至摇摇头。他认为这中间没有什么“喜”可贺。后来他说：我并不是舍不得这只“饭碗”，我和章士钊他们打官司，只是为了坚持正义，争一口气！

在北师大的一次讲演

大先生 1932 年 11 月 13 日回北京探望太师母时，我已经在北师大读书了。记得我是 14 日上午到西三条去看望他的，当时大先生在绍兴时的学生宋紫佩先生也在。大先生看到我时说：“你又长高了。”又问我读什么系以及学校的情况，我一一作了回答。接下去他对我微笑着说："你们一天天大起来，我们一天天老下去了。"其实，他那时正站在斗争前列，已经成为坚强的革命战士。之后，在太师母房里，他看见墙上他侄女的照片上面几个钢笔字，就和宋紫佩先生说："现在的孩子写字都不讲究了，歪歪斜斜的。"我想，这话也包含着对我的批评；我那时经常代太师母给他写信，我的歪歪斜斜的钢笔字，他是常看见的。

大先生回北京不久，报纸上就用大号字刊登着"鲁迅卷土重来"的反动标题，我们看了又气又急，因为这种诬蔑性的标题，对大先生的安全是很不利的。那天吃中饭时谈起此事，大先生却很坦然。他说：我来了，他们怕我敲破他们的饭碗，其实我只敲了敲他们的饭碗沿（边）。这时他顺便用筷子敲了敲他自己的饭碗边，紧接着说："他们就急成这个样子，真是可笑！"又说："'卷土重来'总还要'卷土重去的'。"他把我们认为极其严重的事竟看得如此轻松，他的一席话把大家都逗笑了。

大先生来到北京，"正人君子"们惶惶不可终日，而青年学生却非常兴奋，热烈欢迎他。这次大先生在北京，只住了十五天，忙得很。许多大学的学生来请他讲演，因为时间的关系，他只接受了五个大学的邀请，北师大也是其中之一。

鲁迅先生在北师大的讲题是《再论第三种人》。讲演那天（11 月 27 日，正值星期日）早上，校内贴有“师大文学研究社”具名的通知，写着鲁迅先生来校讲演的讲题、时间（下午二时）和地点（礼堂：风雨操场）。我在下午一点左右就到了礼堂，那时听众已经很多。后来人越来越多了，非常拥挤。突然，欢呼声，鼓掌声，人群轰动起来。“鲁迅先生来了！”可是等了好久，不见大先生进来。原来，此刻礼堂里里外外全是人，大先生无法走进礼堂。当大先生走上了讲台时，群情激动。这时有人大声呼喊：“听不见，到大操场去！”于是人们像潮水似的涌出礼堂。在大操场的排球场附近摆着一张大方桌子，大先生就站在这张桌上讲演。听众很快地围在桌子的周围，前面的坐着，后面的站着，密密层层的。我在礼堂内倒是占着较前面的位置，而挤到操场却落在后面了。那天天气较冷，有风，当时又没有扩音器；而且大先生又要照顾四周的听众，在讲演中，他经常转换方向。讲演的内容听不大清楚，现在也记不全了，只记得一些片断。这次讲演主要是批驳那些认为文学是超阶级、超时代的所谓“第三种人”。大先生反复举例说明：在有阶级的社会里，超阶级的作家是没有的，不偏不倚的“第三种人”是不存在的。在讲演中大先生指出，文坛上现在已不是“皮鞋脚”的时代，而是“草鞋脚”的时代。新兴文学艺术的发展是必然的趋势，谁也阻挡不住的。鲁迅先生谆谆教导青年学生，要接近工农大众，和工农大众相结合。

当时正是九一八事件发生一年以后，日本帝国主义已强占我整个东北三省，并酝酿要把战火扩大到关内的严重的时刻。国民党反动派对外实行“不抵抗主义”，任日本帝国主义侵略、蹂躏；对内执行“攘外必先安内”的反动政策，大肆镇压爱国运动。在这国难当头，民族垂危的形势下，青年学生的思想是很紊乱的。大先生这次讲演，澄清了一些糊涂想法，给青年学生指明了方向。

我能够听到大先生这次讲演，是多么荣幸呵！

鲁迅先生说过：“死人倘不埋在活人心中，就是真真死掉了。”鲁迅先生虽然离开我们四十五年了，但是他那高大的形象，崇高的品质，坚强的意志，不屈的斗争精神，却永远激励着我们前进。

1976 年 5 月写

1980 年修改

和鲁迅先生相处的日子

1923 年夏天，鲁迅先生一家，从八道湾搬到砖塔胡同，和我们（大姐俞芬、三妹俞藻和我）姐妹三人住在同一个院子里。那时，我还是一个十二三岁的不懂事的孩子。

鲁迅先生在砖塔胡同虽只住了短短的九个多月（1923 年 8 月 2 日至 1924 年 5 月 25 日），但是和鲁迅先生朝夕相处的日子里，却给我的少年生活增添了不少奇光异彩，时至今日，仍然在我的记忆中闪闪发光。这里，我把几件深受教育的小事，写在下面。即使在今天，我相信仍然很有现实意义。

请大先生当裁判

鲁迅先生一家，要搬到我们住的院子里来，这事，我的大姊早几天就已告诉过我和三妹，她十分严肃地对我们说：“大先生他们是喜欢安静的，以后你们可要斯斯文文，不许乱吵乱闹，惹人讨厌，叫人笑话……”从大姐的语气中，我感到这些话的分量和压力。

大先生究竟是怎样的人呢？在我心里，一直是个“谜”，因此对于他们的到来，我是又盼，又怕。

本来说妥是 8 月 2 号上午搬来的，可是不巧，那天一早，天就阴沉沉的，后来竟下起小雨来了。到底他们什么时候才能来呢？这雨早不下，迟不下，偏偏在今天下，真急人！还好不久雨停了。我和三妹，盼哪，等啊，我们一会儿跑到大门口去看看，一会儿又回到房里，“斯斯文文”地等着。那天，整整一个上午，没有安下心来。

午后，大门响了，大先生一家搬来了。我和三妹赶紧到大门口去看。第一个进门的人，穿着白夏布长衫，留着短胡须，神情严肃，没有笑容。初次相见，我觉得这是一位令人望而生畏的长者。听见大姐称呼他“大先生”，我连忙上前叫了声“大先生”，并深深地向他鞠了一个躬。没等他说什么，我转身就跑回自己的房里。从此，我一直对他存着戒心，生怕一不小心，打扰了他，得罪了他，那可担当不起。但又很好奇，常常在一旁窥视他们的行动，对大先生的一举一动，尤感兴趣。过了几天，我发现大先生并不是我所想象的那样可怕，他对我们小孩子可关心呢，有时他主动和我们讲话，常问我们学习的情况，态度挺和蔼的，在他身上，没有一般长辈在孩子面前的那种威严。有两件事，至今记忆犹新。

大先生平时喜吃甜食，尤其喜欢吃上面有奶油的一种蛋糕。开始，他自己买了，也送给我们一包，可是大姐收藏起来，没给我们吃。有一天，太师母到砖塔胡同来了（她老人家当时住在八道湾，有时到砖塔胡同住几天）。她老人家亲切地问我："大先生送给你们的蛋糕好不好吃？"我摇摇头。太师母紧接着问："不好吃？"我说："我没有吃到。"太师母很奇怪。此后，大先生每次送给我们糖果、点心时，总是三包，一包较大的给大姐，两包较小的给我和三妹。我和三妹接到糖果时，心里那个高兴啊，甭说了。

大先生搬来不久，就送给我和三妹每人一盒积木。他对大姐说："这玩具对于她们，是太简单了些，可是市面上买不到更适合她们年龄的玩具，玩玩还是可以的。"我们得到这珍贵的礼物，如获至宝。这积木确实很精致，它是由许多正方形木块所组成，正方形的各面，漆着不同的颜色，用它们可以搭成各种美丽的图案花纹。我和三妹常常比赛，看谁搭的花纹好看。有时请大先生当裁判，大先生看了，细细评论，指出我们各人颜色搭配的好坏以及花纹的美丑等等，使我们心服口服。玩着玩着，我们又把这些积木搭成宝塔、小桥、房子等等，大先生见了，笑着说，搭积木从平面到立体，这是一大进步。我们受到大先生的称赞，兴致更浓了。

当时，我只觉得这玩具有趣，后来体会到大先生送给我们积木，在满足我们爱玩的心理的同时，更有从小就对我们进行美感教育和培育创新精神的深意。

身体不好　一事无成

大先生很重视体育锻炼，曾经多次教我和三妹做体操。他说，体育锻炼能活动筋骨，天天做操，身体会长得健壮，行动灵活。做操时，动作要准确，使每一部位的筋骨和肌肉得到锻炼。他常常一面示范，一面解释。他说：颈部运动，能使我们头颈灵活。扩胸运动，使胸肌发达，肺部可以得到正常发育。腰部运动，使腰肌灵活，腹肌弹性好。做这节体操，他给我们提出三个程度不同的要求。先要求指尖触地，再做到手指触地，最后要求两手十指交叉，手掌全部着地。大先生关照我们，要一步一步来，一时不能做到，不要勉强，要坚持练，不可性急；性急不但对身体无益，反而有害。跳跃运动，这是四肢运动，也是全身运动，练习弹跳力的，能跳得高些是好的，但要逐步加高；另外落地要稳。深呼吸要缓慢，不可过急。此外大先生还告诉我们：步行、跑步、跳绳、踢毽子、拍皮球等等，都是很好的体育运动。还交代我们：运动要经常，但时间不可过长。累了，就要休息。我和三妹照着大先生教的练习。记得有几次，我和三妹的动作不一样了，都认为自己正确，争执不下，我们就去找大先生，请他评判。这时，大先生常常是放下手中的工作，叫我们分别做给他看，然后对不正确的动作，加以纠正。有时，还给我们做示范动作。大先生曾对我们说：他年轻的时候，也喜欢运动，经常步行，也喜欢爬山、骑马等等，他认为自己四十多岁年纪，还能跑、能跳、能步行远路，与他早年的运动是有关系的。他的“现身说法”，更引起我们对体育锻炼的重视。

大先生主张，每个人应从小养成体育锻炼的习惯。他说：一个人有了健壮的身体，才能读好书，做好工作。身体不好，将来会一事无成。他还说：体育锻炼是要紧的，但它不是目的。身体不好，固然不能学习或工作，可是单有强壮的身体，不好好学习；没有科学文化知识，“腹中空空，是个草包”，也是不能做好工作的。所以既要重视运动，练好身体，又要努力学习，掌握科学文化知识。

学习不能一步登天

记得我刚读满小学三年级时，不知为什么，大姐忽然“异想天开”，硬要我连跳三级，投考中学。我说，考不上的。她骂我“没志气”。往下，我就不敢再说了，我知道再“顶”是要吃眼前亏的。可是此后，我每想到此事，就觉得很为难，怎么考得上呢？考不上，大姐要骂，别人要笑话，日子难过呀！后来，大姐把她的打算和大先生说了。大先生告诉她：学习不能“一步登天”，要先打好基础，基础不扎实，如同在沙滩上造房子，是经不起风吹雨打的。学习的基础不扎实，反会给以后的学习带来困难。接着他还对“学有余力”谈了看法。他说，学习不能满足于学校布置的功课，也不能满足于老师所教的知识。他主张学生多看些课外书。小孩看些有意义的电影，对增长知识很有好处。大先生说，要使孩子对读书发生兴趣，感到读书的“乐趣”，就会学好，要做到这一点，就要“学有余力”。他还说，学生学习成绩的好与坏，细细考察，都有原因的；学不好，要教育，要引导他对学习发生兴趣，不要“硬压”。学得好一些，就勉强跳级，反而使她成绩变坏，跟不上班，这样就会使她把读书看成“苦事”，对学习发生厌倦，失去信心。大先生的一席话，使大姐受到教育，取消了“不切实际”的想法，也使我免受“盲目跳级”的苦楚。

大先生讲的道理，我当时虽不能全部理解，但后来在工作实践中，越来越觉得句句在理，非常深刻。就在今天，也仍然值得我们深思。

我们的知心人

大姐老早就答应要带我们出去玩的那一天终于盼到了。我和三妹都很兴奋。可是，不知为什么，记得好像是为了给我和三妹穿的衣服不公平，我有意见，说她“偏心”，这样一来，触怒了大姐，她打了我。因为我不肯认错，她就赌气带着三妹一个人出去玩，以示惩罚。不公平、不讲理的待遇，气得我连晚饭也不吃。大姐也“不转弯”，只是一个劲儿对我施加压力。她越压我越不服，局面越来越僵，到晚上，大姐竟不让我进屋睡觉了。夜深了，大师母过来相劝，叫我先睡，有事明天再说，大姐仍“不转弯”，最后大师母把我带到她的房里和她一起睡了一夜。过了几天，太师母来砖塔胡同，和我谈起此事，我把一肚子的委曲，全向她老人家说了。太师母安慰我说：“这件事你们大先生和我说过了，他认为你大姐的教育方法不对，对小孩子不可以一味强压，后来他实在忍不住了，才叫你大师母出面来劝解的。”太师母最后深情地说：“你大姐虽比你大十几岁，但也还年轻，有孩子气。但她毕竟是你的姐姐，不是妈妈，你也不要多怪她。”我听了太师母意味深长的温情话语，特别知道大先生对我的关心、同情和公正的评论，高兴极了。我胜利了。从此，我认为大先生是我最知心的长辈，他最懂得我们的心，此后不管是学校的或家里的，凡是我认为重大的事情，一有机会，就向他诉说；有时竟敢在他的面前没大没小地“调皮”，开玩笑，尽管有时不懂分寸，但我确信他不会见怪，更不会去告诉大姐，使我受惩罚的。大先生成为我和三妹精神上的支柱。他的“俯首甘为孺子牛”的伟大胸怀，给了我们多少温暖，滋润着我们幼小的心灵呵！

细微处见精神

大先生每次出门，口袋里总装着一小叠纸，回家后，又从口袋里把纸掏出来，放在炉子里烧掉。这到底是什么缘故呢？有一次，我看见大先生正站在炉子旁边烧毁这些纸，便上前好奇地问：大先生，你带出去的纸，为什么要带回来烧掉呢？大先生没有正面回答我的问题，他反问我：你们有常识课吗？老师给你们讲过随地吐痰的害处吗？我说讲过的，随地吐痰，不讲卫生，是不道德、不文明的行为。大先生说，对呀，把痰吐在事先准备好的纸里，带回来烧掉，消灭细菌，这样做好不好？我说好的。大先生对待即使像一口痰这样的小事，也从不马虎。事情似乎是微不足道的，但从这里不是更可看出鲁迅先生形象的高大吗！

当时北京的社会秩序混乱，投机盛行，假银币充斥市场。那些假银币的制造者，“手艺”之“巧”，实在惊人，以致真假难辨。买东西时，一不小心，找进假银币是常事。当时看到有些长辈，对假银币采取“假进假出”，就是自己受了骗，又去骗别人。可是大先生却不这样，有时不小心收进了假银币，他认为这是社会道德败坏的表现。就拿起小榔头，把假银角子打成几块，放进火炉里烧掉，大先生说，这是“火化”；他把假银圆放在抽屉内的一个小盒子里，不拿出去使用，不让它再在市面上流通，用大先生自己的话说：叫作“打入冷宫”。于细微处见精神，大先生就是这样宁肯自己受损失，也绝不把用进来的假币再用出去害人。这种美德是很值得我们学习的。

爱书，爱自己动手

大先生还有个特点，就是从不让自己空闲。自己能做的事，从不麻烦别人，对女工也是一样。他自己泡茶，自己整理房间……

冬天房里烧的煤，大块的需要敲成小块才能用，大先生就亲自用大榔头去敲煤。有一次他敲破了手，鲜血淋漓，也满不在乎，照样敲打，直到敲完为止。

大先生房里，备有一套订书工具，空下来自己装订或修补书籍，看他穿针引线，敲敲打打，仔细粘贴，真像一位补书的行家。

大先生非常爱护书籍，记得他当时出版的《呐喊》《彷徨》等书，都是毛边的，这是什么道理呢？他说，毛边书看完后，把不齐的毛边裁切掉，就成了一本干干净净的新书。有时他看见别人还给他的书或买来的旧书，书角卷着，他显得很心痛，皱着眉头，总要把它弄平整了，才舒服。大先生看书很仔细，轻易不在书上写字，就是写也是工工整整地写上几行。有时，他在书里夹个小条子，写上他的意见。大先生爱惜书籍是很突出的，他说：这是自幼养成的习惯，没有钱，要看书，难得弄到一本，怎能不爱惜呢？再说写书、印书、装订，一本书要多少人付出辛劳呀，为此也应爱惜它。他还说：如果人人都爱护书籍，书的寿命可以长得多，多些人阅读它，不是更能发挥书籍的作用吗？一个人无论做什么事，不能只图自己方便，要想得深些，远些！

设身处地为别人着想

大先生很尊重别人的劳动，尊重别人的生活习惯，处处为别人着想。他家的女工是满族人，惯吃面食，不喜餐餐吃米饭，于是，他除付给她们工资以外；还折给她们饭费，让她们另外吃面食；如果她们想吃米饭，就在一起烧，所以大先生家里女工的伙食和他们可分可合，十分自由。在经济上，大先生对从事体力劳动的人从不计较，他出门有时坐人力车，车费总是多给一些，所以人力车工人，喜欢拉他上班。从这些小事可以看出他对体力劳动者是十分尊重的。他常说，人家辛辛苦苦换来一点工钱，要养家活口的，在有限的工资上和他们“斤斤计较”，是不道德的。

大先生与人力车工人的交往较多，不仅仅经济上对他们资助，而且从各方面给以关怀。记得大先生初搬到西三条新屋——现在的鲁迅故居——时，有一位包车工人，接送大先生到教育部。因为他的家不在城里，在外面住，开支大又不方便，因此大先生就让他住在自己家里。他的任务很简单，扫扫院子，用人力车接送大先生上下班，其他就没事了，而工资是较优厚的。大先生为他着想，劝他空闲时去拉些散座，增加收入。可是这位包车工人并没听大先生的劝告。他平时很空，但经济很紧，老是向大先生借支，工作不到一年，已经把第二年的工资都借支去了。大先生对这位人力车工人的经济紧，又不肯在空闲时出去干活，发生了疑问。经了解，原来他染上了赌博的恶习，空下来，他就和教育部其他的包车工人一起赌博。

大先生劝他戒赌，他直言不讳地说："我输了许多钱，欠下您老这许多账，如果不把钱赢回来，我拿什么来还给您老呢?"大先生才明白他把归还欠款的希望，寄托在"赌运"上。大先生愤慨地说："教育部的环境实在太坏了。"于是再一次和他讲明赌博的害处，告诉他不要还欠款了，并且多给了他两个月的工资，为了他的前途，劝他离开教育部的"赌博场"。这位人力车工人感激万分，称谢而去。

在砖塔胡同和大先生相处的日子里，我们姐妹三人受到的教益、关心和帮助，那是说不尽的。九个多月过去了，大先生一家要搬到西三条新屋去的日期——1924 年 5 月 25 日——越来越近了，在好几天前，我的心上就好像压着一块大石头似的，从心底里感到依依不舍。大先生毕竟是最了解我们的一位长辈。鲁迅先生离开人间已经四十五年了！回忆往事，犹历历在目，我对先生的缅怀和崇敬之情，是与日俱增的。

鲁迅先生在砖塔胡同的几件趣事

我们和鲁迅先生、大师母住在砖塔胡同时，我最感兴趣的是太师母偶尔来住几天的时候。当时，太师母以住八道湾为主，因为那里的房子宽敞，间或到砖塔胡同来看看大先生、大师母，有时就在砖塔胡同住上几天。太师母已是六十七八岁高龄了，可是老人家性格开朗，喜欢热闹，尤其喜欢孩子。太师母一到，北屋三间，显得十分热闹，与平日冷冷清清、安安静静的情景，恰成鲜明的对照。尤其在晚上，晚饭后，大先生总要到太师母屋里坐上一个多小时。大先生坐在太师母的床边，太师母有时躺着，有时坐在床上，大师母、大姐、我和三妹，就坐在周围听大先生和太师母讲话，这是我们一个欢乐的时刻。有时大先生也和我们讲话。我和三妹最喜欢听大先生讲故事。他讲故事，生动有趣，引人入胜，给我留下很深的印象。

有一次，大先生给我们讲绍兴读书人的故事："从前绍兴有个读书人，评论文章的好坏时说：'天下文章，算我浙江，浙江文章，算我绍兴，绍兴文章，算我家兄，家兄的文章，还要我批改批改呢！'"大先生说到这里，把话一顿，两眼看着我们，我抢着说："那么是他自己的文章最好啦！"大先生笑笑说："是啊，他的文章最好。"大先生幽默又形象的短短几句话，绍兴某些读书人见识狭窄，孤陋寡闻，而又妄自尊大的可笑可悲的状貌，真是呼之欲出。

有一次大先生给我们讲绍兴女人吵架时常用的"剪刀阵"和"壶瓶骂"，他连说带比，引得我们笑弯了腰。他说：绍兴女人吵架，有一种架势是摆"剪刀阵"。"什么叫摆剪刀阵呀？是不是每个人拿着剪刀打架？"我连忙问。"不是的，"大先生答道，"你们看我。"大先生说着起身做了两脚分开，两手叉腰的姿势，还微笑着叫我照他的样子做。我做了，他收起姿势，指着我问大家："你们看这样子像不像一把剪刀口朝下的剪刀？"大家都笑了。我当时似乎觉得有些"上当"，怪不好意思地慌忙放下双手。大先生对我说："做做样子有什么关系？

因为你比她们瘦，做起来更像一把‘剪刀’。”他这几句话又引得她们大笑，连我也忍不住笑了。大先生接着说：“相骂的双方都摆着这种‘剪刀’架势，互相抓住对方的缺点骂，骂得响、骂得快、骂得狠、骂得有力的得胜。”大先生又说：“摆剪刀阵的，中年妇女居多，她们精力旺盛，阅历多，相骂的内容丰富；年轻人阅历不够；老年人经历虽多，但精力不足，气头也没有中年人急。”大先生还进一步分析“剪刀阵”的姿势说：“两手叉腰是为了壮气，两腿分开，重心低，站得稳。”他接着说：“绍兴妇女动手打架的并不多，相骂确是常见的；大概妇女平时在家里积在心里的怨气，要在相骂中发散发散吧。”这时，大先生问太师母是不是这样，老人家微笑着点头，表示同意。

那么“壶瓶骂”又是怎样呢？这次大先生自己示范了。只见他左手叉腰，右臂向右前上方伸直，并用食指指向对方做骂人状。他问我们：这样子像什么？像不像一把茶壶？我懂了，那插腰的左手表示壶柄，伸直的右手便是壶嘴了。大先生的“壶瓶”姿势又引得我们笑得前仰后合。

我和三妹名为绍兴人，实是生在东北，长在北京，对绍兴的风俗、习惯很少知道，“剪刀阵”“壶瓶骂”的场面，从来没有看到过，因此，听起来觉得分外新鲜、有趣。“那么，绍兴的男人怎么相骂呢？”我问。大先生告诉我们：“绍兴男人相骂的也有，他们不摆阵势，双方互骂对方的祖宗八代，骂些粗话，就算了。有时骂得气起来，就动手打架。常常是打输的一方，边骂边退收场。”他又补充说：“男人吵架比较痛快，这大概与性格有关。”

那时我们在太师母房里，我最感兴趣的另一项事是敲大先生的“竹杠”。事情总是大姐带头，我和三妹帮腔。虽然我们事前并没有约定过，但每次大姐一提出，我和三妹一定响应——孩子们嘛，哪有不喜欢吃东西的呢？

那时北京冬天的晚上，在刺骨的西北风中，常夹着卖萝卜的叫卖声。这是旧社会贫苦人民谋生的一种办法。他们冒着寒风，走街串巷，做点薄利生意。一个大萝卜只卖一两个铜板，空的辣的还要调换。你向他调，他又向谁去调呢？简直是赔本生意。

萝卜是去煤气的。北京冬天很冷，家家屋里都烧炉子取暖，门窗又关得严严实实，屋里有煤气是难免的。卖萝卜的小贩一声吆喝“萝卜赛梨哟——辣了换”，大姐带头敲大先生的“竹杠”，要大先生请客。遇到这种情况，十有八九，他是同意的。为什么他不拒绝呢？原因之一是他的好心肠，他看着我们“垂涎三尺”的顽皮的样子，就同意了。另一个原因是他身后还有心肠更好的太师母在，如果遇到大先生没答应，多坚持些时候，太师母就会出来打“圆场”。老人家笑笑说：这次让我来请客吧！老二（指我）去叫潘妈买几个萝卜来，给大家解解煤气。太师母这几句话一说，全屋里顿时活跃起来，忙乱一阵，大家都吃到美味的萝卜，真开心啊！话说回来，大先生每次请客，连女工在内，全都请到。我们吃着“赛梨”的萝卜，滋味那个美啊，甭提了。

当时，北京晚上，还有一种挑担卖桂花元宵的，这种东西比较贵，我们不但没吃过，连想也没想过。有一次，大姐异想天开，竟向大先生敲“竹杠”，要他请我们吃桂花元宵。我和三妹当然同意，你一言，我一语：“大先生，桂花元宵多甜哪，可香呢，热腾腾的，多好吃啊，吃一碗文章都写得出些，吃一碗觉都睡得香些……”大先生看我们垂涎欲滴的样子，又同意了。太师母，大先生，大师母，大姐、我和三妹，潘妈（太师母的女工）、王妈（大先生家的女工）、齐妈（我们家的女工），每人一碗，共九碗。我们吃到又香又甜的桂花元宵，觉得格外有味道。第二天晚上，卖桂花元宵的又来了，在门口吆喝了好几声“桂花——元宵”。大姐又笑着说：“昨天买了九碗元宵，今天卖元宵的不肯走了。”大先生回答说：“欸！昨晚买了九碗，我今天早上出门，他早已走掉了。”大先生这话逗得大家都笑了。太师母说：“这些小贩的生意，一定不大好的，晚上吃元宵的人总不会太多的吧。”大先生说：“他们的生意是不会太好，这些夜点心主要供应吃鸦片烟的，如对面‘王府’的人（指斜对面住的溥仪本家），好吃懒做惯了，他们晚上睡不着觉，肚子饿了，想吃夜点心；另外，一些赌博的人，夜里赌饿了，也要吃夜点心；一般人家是不会天天买夜点心的。”大先生就这样巧妙地对付了大姐想再次敲竹杠的“苗头”。

此外，大先生也常给我们讲些医学知识。有一次，他讲人的血管，他伸出左手示范，把衣袖卷到上臂，用右手捏紧左臂，眼看着他下臂和左手的筋粗起来了。大姐、我和三妹也学着他的样子做，大先生看了说：还是老二手臂的筋有点粗起来。我听了很高兴。为什么呢？因为我的筋也像大先生的一样，会粗起来的。于是，有一段时期我没事时常常捏着左臂，看静脉血管逐渐变粗。直到现在，每遇到验血要抽血，或注射静脉针时，我手臂上的血管，医生总是很易找到的。

有一次，大先生和我们开玩笑。他伸出右手，捏着拳头，放在桌上，叫我们用拳头打，并说他不怕痛。大先生的手很瘦，捏着拳头，骨头都很明显。三妹第一个打，恰好打在大先生拳头的骨头上，没把大先生打痛，而自己的手倒震痛了；大姐也是一样，打痛了自己的手。大先生笑着说："你们打人，挨打的人没有痛，打人的人倒痛了。"这次是大先生笑弯了腰，他连连说："'畅肚'啊，'畅肚'！"（"畅肚"是绍兴话，大先生一向喜欢这个词语。它的确切意思我说不清楚。大概是"活该"的意思，也有自己肚里很舒畅的意思，还有讥笑对方"偷鸡不成，蚀了一把米"一类意思的总和吧。）大先生和太师母谈的话是很多的，涉及面也很广，从政治形势到社会新闻，无所不谈。

有一天大先生笑着给太师母讲了一段他亲自遇见的奇怪而可笑的事情。大先生说：早上坐着人力车去教育部上班，路上遇到北大的某教授，他坐着人力车迎面过来。平时这位教授和大先生只是"点头之交"，那天这位教授却意外地热情，叫自己的车停下，同时招呼大先生的车也停下来，好像见到了老朋友，有什么重要的事情要谈似的。大先生只得莫名其妙地停了车。这位教授下车后慌忙走向大先生，并从衣袋里取出一包东西，交给大先生，一面连连向大先生道歉，说：“昨晚我带的钱太少，付不出现钱，真对不起你，请你点一点，数目对不对？”大先生连忙把钱还给他，同时说：“教授，你弄错了。”这位教授误认为数目不对，忙问：“少了多少？”大先生还是这句话：“教授，你弄错了，你没有欠我钱。”这位教授认为大先生客气，不肯收钱，就略带责备又自责的口气说：“周先生，你这样不好，我们打牌前，就说清楚的，是‘真刀真枪’的；只怪我自己带的钱少了些，我事前也没想到昨天赌运这样不好，以致欠了债。……你不要过意不去，过两天我们还可以再来过的。……”大先生这才明白这包钱原来是这位教授欠下别人的赌账，看来他一夜没睡，糊里糊涂，竟记错了债主。大先生耐心地告诉这位教授说，自己从来不打牌，对这玩艺儿没兴趣，因此无从做“赌账”的“债主”。教授听了这番话，敲敲自己的脑袋，醒悟过来了。他承认自己记错了，连连向大先生道歉、告别。大先生讲完了这个“故事”，逗得我们都笑了。我连问：“是真事吗？”大先生说：“当然是真的。”

大先生最后说：“这种教授，打牌熬夜，弄得神志不清，连赌账都还错了人，真是在‘发昏’。”

大先生对当时的有些学者、教授，不学无术，不求上进，误人子弟，浑浑噩噩混日子的现象，是十分不满的，以前也说起过。

直到现在，我每回忆到我童年和大先生相处的这段生活，仿佛耳边仍在荡漾着阵阵欢乐的笑声。

1980 年 12 月 17 日

北京砖塔胡同61号

——鲁迅先生住过的地方

前年春天，我到北京，怀着对鲁迅先生崇敬的心情，特意到砖塔胡同61号去看看这所有纪念意义的房子。转眼已是五十四年了，许多往事浮现在眼前。

我清楚地记得，鲁迅先生一家搬来和我们姐妹三人同住在这个院子时，这所房子已半旧不新了，它西边的一堵砖土墙，露在胡同的西头，墙上的石灰，有几处已经剥落。两扇黑漆的大门朝北，这与斜对面溥仪本家的那座坐北朝南的高大轩昂的“王府”经常敞开着的大门，遥遥相对，不免显得寒酸。61号这所房子的寿命居然能有这样长，实出意外。话虽如此，但毕竟又过了整整五十四个寒暑。随着岁月的流逝，这所房子的变化，确是很大的，门牌现在也已改为 84 号了。一眼望去，几乎不认识它了。

前面说过，当年这房子的大门是朝北的。进门有一个过道；如今大门朝西开，过道变成了一间屋子。因此北屋比以前多了一间。南面的小土堆，过去是我们玩耍的所在，现在改成了住户们烧饭的地方。东屋顶上的瓦片也已换成油毛毡。……半个多世纪过去了，这所房子究竟更换了多少位主人，这是难以考证的事。岁月流逝，人事沧桑，怎么能教它没有变化呢？

走进院子，我向住在北屋里的一位大娘说明来意，她热情地接待我，满足了我的要求，允许我到屋里看看。

我首先走进鲁迅先生曾经住过的屋子（见后附图），那是一间约莫十四平方米的屋子，它曾是鲁迅先生的会客室兼餐室与卧室，夜间还是他的工作室。当时室内陈设：木板床，八仙桌，洗脸架，书箱等等，屋子小，用具多，不免有些拥挤，但由于摆设得体，井井有条，整然有序，显示着鲁迅先生爱好整洁和艰苦朴素的作风。这一切引起我无限的思绪，眼前仿佛鲁迅先生正在这里和客人们谈笑风生……

想着，想着，我想到当年的那张八仙桌了。它虽是一张半旧的桌子，由于用得仔细，看上去还很牢固，并不显得陈旧。

当时这张桌子的用处可大呢：它既是饭桌又是鲁迅先生夜间工作用的书桌。这里所谓夜间，可不是一般的十点多钟，而是深夜一二点钟，有时竟至通宵达旦：一杯浓茶，一盏油灯，鲁迅先生吸着香烟，静静地坐在桌旁，工作、学习、写文章。

鲁迅先生接待客人也用这张八仙桌。客人来了，就在桌边坐下，喝茶、谈天，鲁迅先生还常常拿出花生或点心热情地招待他们。

想到鲁迅先生的工作，我又联想到那张三屉桌了。当时这书桌是放在大师母（朱夫人）的屋里，鲁迅先生白天的案头工作，一般是在这张桌上进行的。因为这里光线好，安静。大师母白天常在厨房里张罗菜饭等事，轻易不进屋去打扰他。要说打扰他的，倒是我和三妹，当时我们是不懂事的孩子，我们请他画人头，做玩具；请他批改很不通顺的“文章”等等。为了这些不相干的琐事，不知耗费了鲁迅先生多少宝贵的精力，至今想起，深感内疚。在我的记忆中，鲁迅先生没有一次拒绝过我们，他总是和蔼地接受我们的请求，尽快地完成我们“交给”他的“任务”。话再说回来，鲁迅先生的书桌上陈设整齐简单，文房四宝俱全。桌上最使我感兴趣的是那个大笔筒里面插着的两根大雀羽，据说它是从外国带来的。“只能看，不能摸”，我们遵守鲁迅先生的规定。筒里还有一支罂粟花的标本，鲁迅先生告诉我们，这种植物是制鸦片烟的主要原料，这花开放时很好看。我当时多么想看看开放时的罂粟花呵，可惜北京没有，这使我很失望。

我又想到鲁迅先生的那张木板床了。鲁迅先生平日睡眠时间很少，即使有病，除非万不得已，也是不躺下的。这么说，木板床的作用该是不大了吧！不，它还有别的用处。当时因屋子小，鲁迅先生的书，大部分放在书箱里，要用时把书找出来，放在桌上、床上，以备查用，所以这木板床，常常起着摊书的作用。有时，客人来得多，椅子不够用时，鲁迅先生和其他客人就坐到床上。此外，这木板床有时还是鲁迅先生构思文章的地方，他手里拿着一支点燃的香烟，不言不语，身子斜靠在床上，沉思着。太师母告诉我们：“他在构思，不可去吵他，否则他要不高兴的。”遇到这种时候，我们说话、走路都是轻轻的，有时悄悄溜出他们的屋门，生怕打扰他。所以这张木板床，在当时也发挥了很大作用的。

走出北屋，我去看看我们三姐妹当年住过的那两间西屋。可惜那天它的主人上班去了，门锁着，我只能从窗户向里张望：里面的摆设干净整齐，比我们住在这里时，好多了。

看过西屋，我转向东屋。凑巧，东屋的主人也上班去了，我只得又隔着窗户向里张望，当年鲁迅先生家的王妈和我家齐妈合睡的大炕拆去了。想到这个大炕，我又回忆起一段往事：那是 1923 年 12 月间的事，有一天，已是深夜，鲁迅先生带着一天的疲劳睡了。当他刚刚睡着时，王妈和齐妈不知为什么事，发生口角，夜深人静，越吵越响，把鲁迅先生吵醒，以致整夜失眠。第二天，精神不支，生病了。晚上我和三妹跟着大姐去看望鲁迅先生，谈起王妈、齐妈口角的事，鲁迅先生问我们：你们没有听到吗？声音可响呢。我们早已入了梦乡，怎么听得到呢？大姐自作聪明地说："大先生，你为什么不去'喝止'她们呢？"接着她又说："其实你就是大声咳嗽一声，她们听到了，也会不吵的。"鲁迅先生摇摇头说："她们口角，彼此的心里都有一股'气'，她们讲的话又急又响，我听不懂，因此不知道她们吵嘴的原因。我去'喝止'或大声咳嗽一声，可能会把她们的口角暂时压下去，但心里的一股'气'是压不下去的，心里有气，恐怕也要失眠；再说我呢，精神提起，也不一定就能睡着，与其三个人都失眠或两个人失眠，那么还是让我一个人失眠算了。她们两个人把话讲清楚，'气'出了，吵得累了，就能睡着的。况且她们吵得起劲时，根本想不到有人会被她们吵得失眠，所以也难怪她们。”鲁迅先生就是这样，处处为别人着想。但他的这份好心肠，她们怎能知道呢？如今这个王妈、齐妈口角过的大炕已经拆除，放上了别样家具，王妈、齐妈恐怕也早已离开人世了吧。

来到我童年时候住过的地方，特别是和鲁迅先生同住过的院子，时间过去了整整五十四年，我异常激动，许多往事涌上心头：我想起鲁迅先生一家人搬来的情况，想起鲁迅先生住在这里的工作和生活，想起鲁迅先生那种诲人不倦的精神，想到他对我们的关怀、爱护和教导……我看看周围，周围是那样的狭窄，而鲁迅先生就在这里做了常人无法完成的大量的工作。鲁迅先生夜以继日的艰苦治学精神，给我们留下了极为深刻的印象。

可当时鲁迅先生又是在怎样的心情和健康状况下，坚持完成了这些传世之作的辉煌业绩的呵。鲁迅先生搬到砖塔胡同，显然是临时决定暂时住住的。因此，鲁迅先生到砖塔胡同没有几天，就开始到处找房子，同时向友人借贷买房子的钱，直到10月底找妥了西三条21号这所房子，接着就是办理复杂的买房手续，再是为改建修缮这所房子而奔忙。他是在工余之暇，带着病，顶着酷暑的烈日，冒着严冬的寒风进行这项工作的。

这些复杂又琐碎麻烦的修缮房屋等事，仅仅用了九个多月时间就完成了。这花去了鲁迅先生多大的精力，该是多么不易啊！

然而事情还不止如此，想想当时的鲁迅先生，他离开自己亲手买进、设计改造的宽敞的八道湾住宅，搬进狭窄又破旧的砖塔胡同61号的房子，心情当然是凄苦的，只是他涵养深，气量大，为人善良又正直，他从不把自己的烦恼，向不相干的人泄露，让别人替他分忧。他把自己的苦恼深深地埋在心底，“细嚼黄连不皱眉”的心情是多么苦啊！从外表看，他却是丢得开，不以为意的。在我的印象里，他那时总是忙这又忙那，从不停歇。过分的疲劳和苦恼折磨得他病了，有几天他病得不能起床，吃不下饭，只吃米汤薄粥度日，但他非常坚强，仗着自己身体底子好，又在壮年，他以惊人的意志和毅力，与病魔斗争。当他稍能起床时，就又忙开了。他和健康人一样，有时甚至比健康的人更忙……谁知这病竟会影响他晚年的健康！在砖塔胡同时，谁能想到鲁迅先生此后只有十三年的寿命了呢？

鲁迅先生在心情不好时，不喜欢照相。这段时间，他既没给房子留影，也没给自己留影。这所房子又经过整整五十四年的风风雨雨，现在还存在着，已是非常幸运了。但是它已经有了很大的改变。而今记得它的当年风貌的人也许不多了；那么再过若干年后……想到这里，我感到非常遗憾。但我既然来了，就不能只是“遗憾”一番而已。我得想个办法。有了，就凭我的记忆，把鲁迅先生住在这里时，这所房子的轮廓和室内的陈设画下来吧；尽管我心笨手拙，画不好图，但终归会给后人留下一点粗浅的印象的。为了慎重起见，我找来一位搞建筑的同志，请他帮助把这房子的轮廓画下来，再根据我和三妹的记忆，画出鲁迅先生当年住在这里时，院内全貌及室内陈设平面示意图，并做些简单的说明。我想这张图或许可以弥补当年没有为这所有意义的房子留下照片的遗憾于万一。

当年的砖塔胡同 61 号的平面图画完了。虽然画得不好，但它多少能够提供一些当年的实况。鲁迅先生就在这样简陋狭窄的房屋里，住了九个多月。在心情苦闷，身体多病，还要为新屋劳碌奔波的情况下，不顾一切地做了那么许多工作，这些似乎是“奇迹”，但又是事实。

我不会画图，但我认为画这张图是我应尽的责任。因此我大胆地这样做了。

鲁迅先生住北京砖塔胡同 61 号时

院内全貌及室内陈设平面示意图

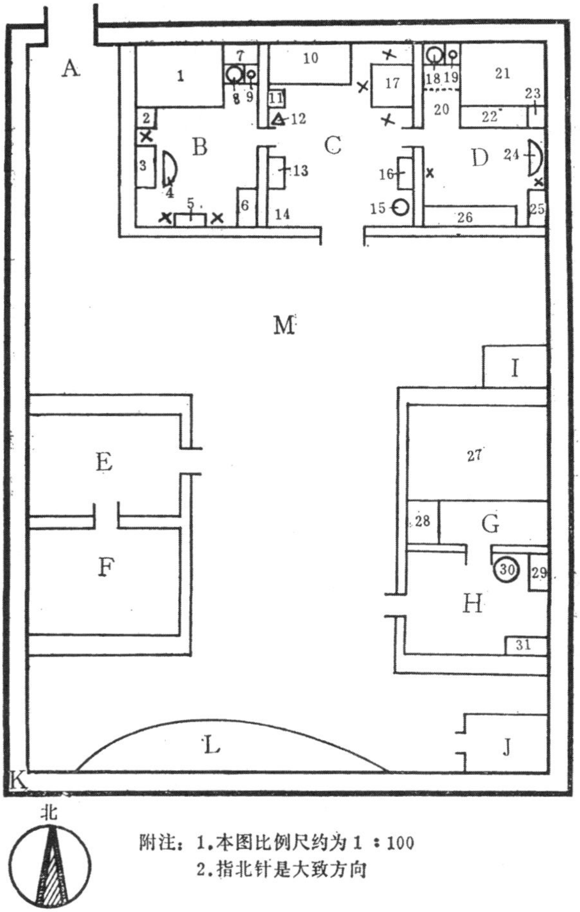

附注：1.本图比例尺约为 1 ：100

2.指北针是大致方向

附：平面示意图说明

当时的砖塔胡同 61 号，是一所道道地地的北京老式砖木泥土结构的简易平房。大门是两扇木门，门上有一副对联，黑底红字：上联是“忠厚传家久”；下联是“诗书继世长”。院内有七间瓦房：北屋三间，东屋、西屋各两间。北屋是砖地，东屋、西屋都是泥地。北屋三间中的东、西两间的南面各有装着固定的小玻璃的窗子两扇。中间那间屋子除正中朝南有两扇木门外，是简易花格窗，糊着窗纸，没有玻璃，白天门开着时有亮光，关上门，屋内光线很暗。院子南面有一个小土堆，鲁迅先生发现，它过去是花坛，年久失修，倒塌了，渐渐变成这个样子。经他指点，细看下面，有些地方还有花坛的遗迹。

一、院内和房间的布局：

A. 大门。B. 大师母(朱夫人)的卧室。C. 鲁迅先生的会客室、卧室、夜里工作兼全家吃饭的屋子。D. 太师母(鲁太夫人)的卧室。E、F. 我们姐妹三人的住屋。G. 鲁迅先生家的保姆王妈和我们家的保姆齐妈的卧室。H. 两家合用的厨房。I. 鸡窝。J. 厕所。K. 墙身。L. 小土堆。M. 天井。

二、鲁迅先生家中屋里的陈设：

1.大师母的床。2.小柜子。3.三屉书桌，鲁迅先生白天工作的桌子。4.藤椅。5.两屉桌。6.柜子(桌式柜)。7.箱子。8.马桶。9.木杓斗(洗手用)。10.鲁迅先生的木板床。11.书箱。12.衣架(高五尺多)。13.两屉桌或书架(记不清了)。14.门后放着门闩和晒衣竹竿等。15.小水缸。16.桌式洗脸架。17.八仙桌。18.马桶,外有马桶箱。19.木杓斗。20.布帘子。21.太师母(鲁太夫人)的床。22.床前踏脚板。23.床头茶几。24.藤椅。25.桌式柜。26.藤躺椅或木椅(记不清了)。27.大炕(王妈和齐妈合用的炕)。28.大木箱(王妈和齐妈放衣服用的)。29.鲁迅先生家的切菜桌。30.鲁迅先生家的水缸。31.鲁迅先生家的灶。

附注：鲁迅先生一家住的三间北屋内，共有木椅子八张，它们经常的位置在图中用“×”表示，但有时要搬动的。

第一次到鲁迅先生的新屋做客

1924 年 5 月中旬，在西三条的新屋修缮完毕之后，大先生一家要在 25 日搬家了——这是早就决定了的。大姐事前也在别处租到两间屋子，并和大先生商量好，和他们同日搬离砖塔胡同 61 号。

搬到新的地方，我和三妹经常想念大先生他们，也很想去看看他们的新屋，大姐总是以他们要收拾东西，不要去打扰他们为由，不肯带我们去。大概是搬家两个星期后的一个星期天，许羡苏、王顺亲两位姐姐来了，大姐才和她们带着我和三妹到大先生新屋（现在的鲁迅故居）去。我们走到门口，只见墙和门都粉刷、油漆一新。走进大门，首先使我感到新奇的，是门洞里摆着的一辆人力车。起先，我以为是大先生新买的，后来才知道是一位接送大先生的人力车工人向车行租来的。因为考虑到这位人力车工人的家不在城里，住在外面开销大，又不方便，所以大先生就让他住在家里。

我们一行五人，刚走进院子，太师母、大先生和大师母，都迎了出来，大概是我们第一次到新屋去的缘故吧，那天他们一家人都把我们当成客人，盛情招待。大先生亲自陪着我们参观新屋。

新屋南前半部是四合院，院子的东南角有株枣树，西北角也有一株枣树，两株枣树遥遥相对。太师母说："这两株树结的枣子的滋味还没尝过，如果好吃，一定请你们来吃；万一味道不好就做蜜枣，还是好吃的，也要请你们来吃。"老人家说得我们都笑了。院子的泥地上种满了太阳花，大师母说："这些花在日中开放，开放时五颜六色，十分好看，像地毯一样，花团锦簇，惹人喜爱。"大先生解释道："这花适宜种在北方，又名铺地锦，太师母住在南边时间长，这花在南方比较少，也较娇贵，所以她老人家看到这花开得茂盛，十分高兴。"大先生看了看院子说："这院子树太少了，太阳花虽好，只有它，显得单调些；再说太阳花怕冷，秋风一起，马上枯萎，所以打算再种些树。太师母喜欢花木，我已向云松阁（北京专卖各种盆景及树苗，并代送代种的一家商店）定购紫、白丁香树各两株，打算种在院子偏南的两边，碧桃树一株，榆叶梅树两株，种在太师母的窗前。这样老人家可以隔着玻璃窗看花。因为现在不是种树的时候，所以只好等明年春天再种了。”我一边听，一边想：这院子明年将种这许多树木，丁香花开满院溢香，碧桃绽蕾红里透白，花朵娇艳，榆叶梅的叶子像榆树叶，花像小梅花，淡红色的一朵朵夹在叶子中间，幽静淡雅。明年此时，这里将是树木丛生，花卉竞放，一片繁荣茂盛的景象。大先生又说：“想是这样想，就是不知道这里的泥土是不是适合这些树木的生长；另外，这些娇贵的植物，能否经得住冬天的西北风和鹅毛大雪，冬天的保暖也是问题，这只好种起来再说了。”

穿过小门，我们往后院去时，太师母回到屋里休息，大师母到厨房料理菜饭，只有大先生一个人陪着我们了。后院也很宽敞，在它的东南角即“老虎尾巴”的东侧，有一株杏树，杏子累累，还未成熟。大先生微笑着说：“等它熟了，请你们来吃。”我们都高兴地笑了。不知是哪位大姐姐开玩笑地说：“吃不完我们用袋子带回去。”大先生一本正经地说：“记得绍兴出杨梅、出瓜的地方，都是只管吃饱，不许带走，我们这杏树也按这规定办吧。”他的话引得大家又笑起来。后院中间有一口水井，井口虽小，里面的水却又深又清。井水冬暖夏凉，夏天可以冰东西，平时洗衣服。大先生望着我们说：“后院光秃秃的实在单调，明年也要种上几株树。”我忙问种什么树，大先生告诉我们后院的土质不如前面，都是用煤渣垫起来的。打算在北面沿北墙种两株花椒树，两株刺梅，西面种三株白杨树。白杨生长力强，风吹树叶沙沙响，别有风味……

看完了前院和后院，大先生带着我们到每间屋里去参观，间间屋里都裱褙一新，收拾得干干净净，家具什物摆得整整齐齐。比砖塔胡同的房屋宽敞，加之窗子大，屋里光线充足，处处给人以明净舒适之感。

走进北屋吃饭间，首先看见饭桌前的墙壁上挂着一幅很醒目的画，这画在砖塔胡同没有见过。细看画面，是一个约莫五六岁的男孩子，穿着和尚领衣服，手里拿着一支兰花，身旁是石头，身后是大树。大先生看我们注意这张画像，就对我们说：“这是我四弟（椿寿）的遗像，你们仔细看看，他的相貌像谁?”我一面看，一面记起太师母在砖塔胡同曾和我们讲过：“四先生很讨人欢喜，相貌有点像大先生，他身体一向很好。太先生逝世时他才四岁，六岁那年得急病死去。因为死得太突然，太意外了，我真伤心啊。你们想想，一户人家，三年里死去了两个人，怎不叫人难过呢？幸亏那时大先生从南京回来，他们三兄弟都在我身边，大家再三劝我，安慰我；并把房里的床、桌等家具都变换了位置，免得我触景生情，悲伤过度，影响身体。其实，我也晓得人死了不能复活，可就是我的心怎么也放不下可爱的老四，后来有人劝我给老四画张遗像，留作纪念，老二请来了画师，是一位绍兴有名的画师，他问了问老四的相貌，年纪……就动手画了，等到画好了送来。我看这张像画得很像老四，很喜欢它，就一直把它挂在房里（大先生住在砖塔胡同时挂在八道湾房里），留作纪念。”

我们看了这张画像，都说四先生长得很像大先生。大先生微笑着说：“这张画像脸是照着我的脸画的，怎能不像我呢？”我们真不懂了，为什么画四先生的遗像，要照着大先生的脸画呢？大先生悄悄地告诉我们：“当时请来的画师没有看见过四弟，只好详细地询问四弟的相貌、年龄，身材、衣服等等。而太师母当时正在极度悲痛中，一时说不出四弟的特征来。她只说他长得很讨人欢喜，白白胖胖的，穿和尚领长袍等等。画师听了这番话，得不到要领，无从下笔。我知道画师为难的是脸型，画遗像脸部最要紧，脸画不像，其他画得再好，也是枉然。于是我向画师说：四弟的面容很像我，就照我的脸画好了，这才解决了画师的困难。遗像画完裱好送来，老人家看了非常满意，连连称赞这位画师的手艺高。”听了大先生讲的这段故事，我们再仔细看四先生遗像的脸型，确不太像五六岁的孩子的脸，说穿了，这张面孔与他的年龄身材不太相称。大姐问道：“这幅画像有大人脸、孩子身的缺点，太师母知道吗？”大先生说：“我至今没有告诉过她老人家，当时也不曾告诉过别人。这遗像是安慰她老人家的，她认为满意，精神有所寄托就好了，何必一定要告诉她遗像上的脸是照着谁的脸画的呢？”尽管大先生没吩咐我们在太师母面前不要提起这事，但就连我同三妹这样当时只有十二三岁的孩子也能明白，这件事是不能向太师母泄露的。这是好意的“保密”。

我们走进大先生的卧室，就是被标为“老虎尾巴”的那间屋子。这里最惹人注意的是窗子大，北面进光，采光好。我发现大先生书桌前面的墙上，挂着一张陌生人的照片。我问大先生：“这是谁的照片？过去我没看见过。”大先生告诉我们，这是他在日本读书时的老师——藤野先生。他还把藤野先生的为人，热心教育事业，特别是藤野先生对他的关心，替他改笔记，连笔记本上的文法错误也给他改正，临别赠送照片等等情节讲给我们听。言谈间流露出他对藤野先生无限敬仰的深情。

那时《藤野先生》这篇文章，还没有写出，可见大先生对此文原来酝酿已久了。后来我每读《藤野先生》这篇文章时，总是感到分外亲切。

那天我们一行五人，在新屋玩得很久，听大先生讲了许多有趣的故事，在他们家里吃了晚饭，才告辞回家。归途中，我和三妹都很愉快。我们谈这谈那，越谈越兴奋。特别是当我们谈到大先生对种植花卉树木等各方面的知识研究得那样深透时，就更加敬佩他学识的渊博了。我和三妹都觉得这次到大先生新屋做客，不但对大先生的品德有了进一步的认识，而且学到了许多知识，这是一次很有意义的做客。

虽然这已是五十多年前的事了，但每次回想到这次“做客”，每一个细节都记得很清楚，——说实在的，大先生给我们留下的印象太深了。

1980 年 10 月 10 日

鲁迅先生和人力车工人

——读《一件小事》想起的

鲁迅先生在《一件小事》中，热情赞颂了劳动人民，塑造了一位人力车工人的高大形象，刻画出一位善良的知识分子要向劳动人民学习的真诚的心愿。

每当我读到这篇文章时，总觉得特别亲切，因为它很自然地使我回想起在北京时鲁迅先生和人力车工人的一些往事来。

1923 年 8 月 2 日到 1924 年 5 月 25 日，鲁迅先生一家住在北京砖塔胡同 61 号，与我们三姐妹住在同一个院子里。那是军阀统治的暗无天日的旧社会。有许多人，虽然他们自己手无缚鸡之力，但对体力劳动者，却十分轻视。有些人，尽管吃喝玩乐可以挥金如土，但是坐车付钱，却锱铢必较，十分苛刻，经常为了少付一两个铜板，和人力车工人争执不休，甚至蛮不讲理，大耍态度。

鲁迅先生则相反，他乘坐人力车回家，付了足够的车费之外，还和蔼地表示谢意。所以每次拉他回来的人力车工人，总是愉快地离去。

鲁迅先生住在北京西三条时，出门常乘坐二秃子的车（当时二秃子等人住在西三条西面的一座破庙里）。每次回来，鲁迅先生给他的车费总是较多的。鲁迅先生常说，人家是要养家活口的。又说，一个人平时用钱不可浪费，能节省的地方，应该尽量节省；但克扣劳力钱是极不应该的。

记得有一次，那是天寒地冻的冬天，鲁迅先生早上乘车出去，由于路上结了冰，很滑，二秃子一不小心，跌了一跤。他跌伤了，鲁迅先生也受了伤。二秃子连忙挣扎着起来，忍着伤痛，赶紧过来搀扶鲁迅先生，问伤了哪里，要不要紧？并且怪自己太不小心，一个劲儿说对不起；还忍着痛一直把鲁迅先生送回了家，连连道歉而去。鲁迅先生每次追述当时情景，心情总是很激动的。他说，二秃子那种负责态度真是少有的。事后二秃子一连好几天没有来，鲁迅先生很记挂他，就问起二秃子的伤好了没有？怎么不来了呢？潘妈——照顾太师母的女工——说："二秃子年轻，身体好，伤早已好了；可那天他拉车跌了一跤，使您受了伤，又受了惊，心里很过意不去，不好意思来啦。"鲁迅先生说："那天跌跤，是地上结了冰，路滑的缘故，这不能怪二秃子，况且他的伤势远比我重，出事后，还亲自把我送到家里，我感激他还来不及呢！"于是要潘妈去叫他来。二秃子真是高兴啊。听说，1926 年秋，鲁迅先生离开北京往厦门去教书后，二秃子觉得再也找不到像鲁迅先生这样好心的对人体贴入微的主顾了，非常惋惜，还为此哭过呢！

鲁迅先生一向同情劳动人民，关心劳动人民的疾苦，珍视他们的劳动，夸赞他们的高尚品德。

还有一次，鲁迅先生曾经给我们讲过这样一个故事：那时，他到北京不久，住在绍兴会馆，每天到教育部上班。

事情发生在 12 月里的一天，寒冬腊月，又逢下雪，下班的时候，雪下得更大了，鲁迅先生乘坐人力车回绍兴会馆去，一路上呼啸着的大风，夹着鹅毛大雪，扑头盖脸地袭来。好冷啊，这时鲁迅先生身上穿着棉袍，还感到寒气难挡。可是，忽然发现拉着他在寒风大雪中挣扎前进的那位人力车工人，却衣着单薄，特别是下身只穿着单裤。这样寒冷的天气，单裤怎么能够挡得住呢？到了会馆，鲁迅先生很同情地问这位人力车工人："这么冷的天气，你为什么不穿棉裤呢？"人力车工人回答说："先生，生活艰难哪，吃都顾不上，哪有钱买棉裤呢？"鲁迅先生理解他的艰难，付了车费外，又特地送给这位人力车工人一元钱，再三叮嘱他，买条棉裤穿；并且告诉他，这样下去，腿关节要冻坏的。第二天，积雪未化，寒气逼人，气温更低了。鲁迅先生下班后，就到教育部门口注意观察；出乎意料之外，他发现站在门口寻生意的人力车工人，几乎都是穿着单裤的。鲁迅先生感慨地说，这是严重的社会问题，不从根本上解决，单靠个人的同情和帮助是不行的。

给我印象最深的，要算鲁迅先生在砖塔胡同给我们讲过的另一位人力车工人的故事了。鲁迅先生是怀着对这位人力车工人十分崇敬的心情讲这个故事的。有一天，鲁迅先生坐人力车从教育部回绍兴会馆，不慎把钱夹落在车上。当时，鲁迅先生和人力车工人都没有发觉。下车后，鲁迅先生走进会馆，这位人力车工人在车上发现了钱夹，认定是鲁迅先生丢的，就急急忙忙跑进会馆把钱夹送还给鲁迅先生，并一再要鲁迅先生当面点一点，有没有少东西。鲁迅先生非常感激，因为这里面除钱之外，还有一些重要文稿。鲁迅先生就拿出一元钱酬谢他。起先他不肯收，再三推却，最后鲁迅先生好容易说服了他，他才收下，称谢而去。鲁迅先生意味深长地说："他需要钱，但拾金不昧，这是何等可贵的品德!"确实，这样的心地，品德，不是有限的钱酬谢得了的。停了一下，鲁迅先生若有所思地说："这个钱夹如果被慈禧太后拾到，恐怕早就落到她的腰包里去了。当年，她以建设中国海军，买军舰、筹军费为名，大肆搜刮民脂民膏。这个骗子！竟把搜刮来的这笔海军经费，挪用了很大一部分，造了一个供自己享乐的颐和园。国家安危，民族存亡，早已被她置之度外，真是无耻之尤，可恶之极！西太后和这位人力车工人相比，真是天差地别。一个是堂堂"太后"，一个是普通人力车工人。天下的事，就这样怪，这样不公平。这样的社会，有什么话可说呢!"

鲁迅先生对劳动人民的深厚感情，与他母亲从小对他的熏陶是分不开的。太师母生长在农村，她老人家对劳动人民，特别是农民，有着纯朴的真挚的感情，没有看不起劳动人民的坏思想、坏习惯，这深深地影响着幼年的鲁迅先生。此外，鲁迅先生从自己的切身经历中更是深深体验到，许多"上层分子"的虚伪奸刁，是那么令人齿冷；而品德淳朴，为人正直的工农劳动人民，却是那样的感人至深，是最可信赖的朋友。太师母经常对我们说："你们的大先生从小就不像有些读书人那样，对劳苦大众摆架子。”真的，鲁迅先生何尝只是不摆架子，平时每当谈到劳动人民的疾苦，总是感同身受，流露出无限同情，对他们的可贵品德，则是钦佩称羡，由衷地赞扬，从而对那子夜般深沉的旧社会的罪恶始终燃烧着烈火般的憎恨。《一件小事》的产生，绝不是偶然的。

学习，荣誉和金牌

记得那还是我小学三年级的时候，有一次听老师说，《狂人日记》《阿 Q 正传》都是鲁迅写的小说，他是一位有名的文学家，学问可好得很。我听了很高兴。

很凑巧，那天我放学回家，看见大先生正在院子里散步，我走过去，很激动地问："大先生，你的学问怎么这样好？你小时候是怎么学习的？"我打算从他那里找学习的"窍门"。他被我问得莫名其妙，反问道："你怎么知道我的学问好？"他想不到一个小学生，会知道他的学问好坏。我说："我们老师说的，老师们都说你的学问好。"大先生笑笑说："听别人说是靠不住的。老实告诉你，我的学问并不好，我写的文章，常要挨人骂的。"停了一下，大先生说："至于学习嘛——我小的时候，读的是私塾，要背书的。我们那时有个三到签。"

“什么是‘三到签’呢？”我问。“三到签就是提醒学生读书要做到三到：眼到、口到、心到。其中最主要的是心到。心到，就是要用脑子想，想想书中讲的道理对不对，要多想；眼到，就是要看清书上的每个字，把字的一笔一画都看清楚；口到，就是字音要读准、不好读错。”大先生向我耐心地解释。

“读书三到，说说容易，做做难。真正做到这一点的，背书总能背得出的。”大先生接着说：“你们现在与从前不同了，小学里学的课程比以前多。但读书要做到三到，还是要紧的。”大先生还说：“对读书要有兴趣，把读书当作‘乐事’，不断地学，自会学好的。”

过了一会，大先生又说：“有一句老话，你们老师大概和你们讲过的：一寸光阴一寸金……”我接下去说：“寸金难买寸光阴。我们老师教过的。”大先生问我什么意思，我支支吾吾，回答不清楚，只好说：“反正是说，光阴比金子还要值钱。”大先生微笑着问我：“值多少钱？”我说：“老师没有说，我也不知道。”大先生说：“从你的回答，可以看出你对这两句话没做到‘心到’。”

回忆大先生平时对时间确是很爱惜的，他从不让时间白白过去。大先生爱惜时间有两句名言，一是“时间就是性命。无端的空耗别人的时间，其实是无异于谋财害命的。”（《门外文谈》）另一句是：“所谓‘便当’并不是偷懒，是说在同一时间内，可以由此做成较多的事情。这就是节省时间，也就是使一个人的有限的生命，更加有效，而也即等于延长了人的生命。”（《禁用和自造》）还有一次，我曾听他称那些无端浪费别人时间的人为“盗时之贼”。大先生被别人占用了时间，没有完成他预定的工作、学习计划，就常常用减少自己的睡眠时间，加以补还。他的学问好，就因为他学习得好，因为他爱惜时间，他从来不使自己空闲。

有一天，我和三妹问大先生：“你怎么这样有本事？这样能干？”他奇怪地望着我们说：“谁说我有本事，又能干？我常常上人家的当，吃别人的亏的。”“哼，你骗人！太师母昨天和我们讲的。”我们有根有据地回答。

太师母上一天确曾对我们讲过，大先生小时候在三味书屋读书时的情况。她老人家说，大先生在那里读了五六年书，只是那几年，家里接连出事，弄得许多事情都要由他出面去做。太师母虽然想尽量不耽搁他的时间，可是有些事实在无法摆脱，不能不影响他读书。爷爷介孚公因科场案下狱，怕牵连被难，只得叫他们兄弟到外婆家去避避，一避就是一年；接着太先生生病，病情越来越重；请医抓药，找药引子等等，这些事情都必须由他承担；后来太先生去世，办丧事，他是长子，爷爷在押，当然又得他来出面。这许多事都压在他一人的肩上。人家说，就是一个大人，也吃不落做，何况他还是个孩子，还要读书。太师母爱怜地对我们说："你们大先生就是喜欢读书，他一空下来就看书，所以虽然许多家里事情要他出场，他的书还是读得很好，常常受到寿先生夸奖。"

"哦，是太师母讲的。"大先生明白了。他说："我那时做这些事，也是不得已啊！你们想，我不做，又叫谁去做呢？不过多做一件事，会多增加一点经验，可以锻炼自己的能力，特别是年轻人。"

太师母还告诉我们，大先生从小做事，就是有头有尾，很有恒心，从不半途而废。

记得大先生在砖塔胡同时，我和三妹为了做"小人"当玩具玩，常请大先生为我们画"人头"，他画的"人头"可好呢。有一天，我问大先生："你画的'人头'，怎么这样好，我们怎么画不好呢？"大先生微笑着告诉我们，这是他自己练出来的，并说当他十一二岁的时候，读私塾，书背出来了，空下来就画画儿，用一种很薄的纸，蒙在书的绣像上描画，画了好几本，后来就能自己画简单的画了。我当时很想看看那几本画，大先生告诉我们，这些是小时的东西，几十年了，早不知到哪里去了。

太师母还和我们谈到大先生对待荣誉的态度。太师母说，大先生小时候读书，常常受到寿先生的称赞，但他从来不把这些告诉家里大人的。有时，太师母从别人那里知道了，心里高兴，问他时，他若无其事地说："这有什么好说的，做学生，书总应该好好读的。"

太师母曾经告诉过我们，大先生读满三味书屋时，清朝还在实行"科举取士"制度。就是要做官，都得经过科场考试。大先生在三味书屋读书成绩好，大家都怂恿他参加科举考试，可是他执意不肯，一定要去南京读书，太师母也不勉强他。事情凑巧，当年 12 月，因为大先生的四弟病了，病情危急。大先生接到家信，就请假回来看望。那时正好遇上会稽县县考，大先生、二先生都被本家叔叔等人劝说，拉去参加县考，他们没有准备，可是都考中了。县考以后，本应该参加府考的，但大先生不要"功名"，他坚决不参加府考，多少人劝他也劝不转，他仍旧回南京读书。别人求之不得的"功名"，送到他面前，他都不要，大家为他可惜。太师母接下去又说："你们大先生在南京，读书刻苦努力，成绩很好，还得过金牌呢。”我插嘴问：“什么金牌？有多大？”太师母笑笑说：“这金牌嘛，连我也没看见过。听说他卖掉了。卖得整笔头的钱买了书。剩下几个零碎钱买了吃的，和同学们一起吃掉了。”太师母又爱怜地说：“这也难怪他。可怜，那几年家里接连出事，实在没有钱。你们大先生喜欢看书、买书，把金牌换钱买书，这是很有道理的。”“为什么呢？”我不解地问。太师母沉思了一下说：“关于金牌的事，我曾经问过他，我当时觉得卖掉了有点可惜。因为它是纪念品，拿回来给我们看看，大家高兴高兴，有多么好！但他的意思是：金牌是可以用钱换的，要什么样子就可以买什么样子；再说金牌充其量只能表示当时他的学习成绩，它不能证明他将来学习成绩的好与坏；况且把金牌保存起来，它永远只是一块金牌，金牌再也变不出什么其他的东西来。弄得不好，反会使人增加虚荣心，滋长傲气，从此不再上进。而从书本里却可以得到知识。”太师母停了一下接着说：“我从中悟出一个道理：金牌和书，对于当时的老大，自然是书有用得多。”

写到这里，我记起了大先生 1927 年 9 月 25 日给台静农先生的信。在这封信里，他毅然决然拒绝了诺贝尔奖奖金：“诺贝尔奖奖金，梁启超自然不配，我也不配，要拿这钱，还欠努力。世界上比我好的作家何限，他们得不到。”“还是照旧的没有名誉而穷之为好罢。”这是怎样的诚恳而又谦虚的态度呵。

这又使我回忆起大先生初到砖塔胡同时常说的两句话。一句是：我在这里打算“嬉嬉”(绍兴话，玩耍休息的意思)，也许人会胖起来的。可是，那时他除到教育部上班，在四个大学兼课以外，在砖塔胡同的短短九个多月里，创作了《祝福》《在酒楼上》《幸福的家庭》和《肥皂》四篇小说，继续着《中国小说史略》的编印和《嵇康集》的校勘工作，又写了《宋民间之所谓小说及其后来》，和《娜拉走后怎样》《未有天才之前》的讲演稿，还翻译了用作讲义的文艺理论，还要看书、写信、接待来访的青年和朋友，此外就是找房子，办理买房屋的手续，修建房屋等许多复杂而费力的事。而这些事又都是带着病进行的，即使是一个健康的人，要完成这许多工作，也是困难的，而这就是大先生所说的“嬉嬉”。所以大先生搬离砖塔胡同时，人不但没胖起来，反而瘦了些。

另一句是，他常常自责地说，自己已经是四十多岁的人了，还是一事无成。许多有成就的人，往往在不到四十岁时，就做出成绩来了。鲁迅先生所要的成就，是实实在在，为人民为祖国，做些有益的事，绝不是追求个人的荣誉和地位。这正如他晚年所作的自我评价那样：“自问数十年来，于自己保存之外，也时时想到中国，想到将来，愿为大家出一点微力，却可以自白的。”（1934 年 5 月 22 日给杨霁云的信）

鲁迅先生刻苦学习，埋头实干的精神，以及他对待荣誉的严肃态度，给我留下了极为深刻的印象。

三一八惨案时的鲁迅先生

三一八惨案的消息，最初是许羡苏姐姐去告诉鲁迅先生的。许羡苏当时在女师大图书馆工作，住在女师大校内，她是职员，没有参加游行。惨案发生后，她听到先回学校的同学说：段祺瑞命令卫兵，关起两扇铁门，用机关枪向请愿学生扫射，死伤很多，场内一片混乱，我们学校的刘和珍和杨德群同学都中弹牺牲了，等等。

许羡苏听到这不幸的消息，打算去告诉大先生。走到校门附近，看到许寿裳先生很激动地和同学们讲话，许多学生围着听。许羡苏也走过去听了，只听得许先生说：他刚从现场回来，刘和珍和杨德群这两位同学中弹，经毛医生（女师大校医）诊断，确已死了。许先生悲愤地说，那里尸体纵横，鲜血满地，简直是一个最阴惨的人间地狱！这是国丧！并说那里受伤的同学还很多，亟待营救……许羡苏听完许先生的讲话，就赶到西三条，把噩耗报告了大先生。随后，又有一批批的学生来向大先生报告惨案的消息，大先生听了，悲愤已极。他激动地说，这是民国以来最黑暗的一天。

三一八惨案发生时，我还在女师大附小六年级读书。我们小学生虽没有参加请愿，但三一八惨案给我的印象是很深的。因为惨案后不久，学校请来一位女师大的学生，她参加过请愿，并且受了伤，她以亲身经历，把惨案发生的前后经过，详详细细地讲给我们听，愤怒地控诉了段祺瑞政府的残暴罪行。我们听了都怒火满腔，无比气愤。星期天到大先生家，在太师母的屋里，谈话的中心也是三一八惨案。太师母除了阅读报纸上的消息外，还善于从每个人那里收集消息，因此对惨案发生的经过，了解得比较详细。她老人家是非分明，完全站在学生一边。谈到军阀政府的暴行，愤激之情，溢于言表；讲到学生的无辜被害，悲恸哀怜，不能自已。

当时三一八事件，已满城风雨，到处——特别是学校——都在谈论着。我们小学也不例外。有一次我听到有几个同学说，这次卫兵开枪，不是随便射击，而是有目标的。如刘和珍是女师大学生会主席，杨德群是剪短头发的。他们说，还有别的例子，可以证明这一点。我曾经问大先生，这些话对不对？事情是否真是这样？大先生表示，这种说法，他也听到过。如果这话是真的，那就更可以说明段祺瑞他们杀人是有预谋的。大先生又说："学生剪短发，当学生会主席，难道就有枪毙的罪吗！青年为了爱国，意在援助外交，徒手请愿，执政府竟然关起门来，开枪射击这些手无寸铁的爱国青年，世界上再没有比这更无耻、更野蛮的行为，这是'孱头'们干的事。他们在欺侮我们的洋大人面前，那奴才相就毕露了。"大先生感慨地说："这样下去，中国的前途真叫人担忧。"

大先生对于惨遭杀害的青年学生的惋惜，是非常深沉的。三一八惨案发生后，大先生一连好几天吃不下饭，睡不好觉，沉默不语，一个劲地吸烟。太师母催他去看病，他推说自己没有什么大病，不去看病。只是很痛苦地说："刘和珍是我的学生，这么多的爱国有为的青年，无辜牺牲，太可惜了。"大先生悲愤交加，终于生病了。太师母、大师母都很焦急，但又无法可想，凑巧，这时许羡苏到了。太师母，大师母都把大先生生病的情况告诉她，托她劝劝大先生去看病。不一会，大先生叫许羡苏帮他做一点事，许羡苏把事情做完后，对大先生说："刚才听太师母说，你近来身体很不好，饭吃不下，觉睡不好，又不肯去看病，老人家很着急。我现在到旧刑部街山本医院请医生来给你看看病，好不好?”大先生说：“其实也没什么大病，大家既然着急，那我就自已到医院去看吧。”这样，才解除了太师母、大师母的忧虑。

这一时期，大先生带病写出了《无花的蔷薇之二》《死地》《可惨与可笑》《纪念刘和珍君》《空谈》《如此讨赤》《新的蔷薇》《淡淡的血痕中》等文章。有对烈士的称颂和哀悼，有对敌人的怒斥和鞭挞，还有对革命斗争经验的探索和总结，对后继者的启示和期望。真是一字一泪。这是悲愤的哀悼，是抗争的呼号，是奋起的宣言。是对于前驱者的“爱的大纛”，也是对于摧残者的“憎的丰碑”。大先生的这些文章，都是冒着生命危险抱病写成的。它有力地回击了惨案的制造者及其帮凶在事件发生后对青年学生的种种污蔑和攻击，给斗争中的学生和民众以极大的教育、鼓舞。

大先生这些坚持正义、坚持斗争的杂文，进一步触怒了反动派。4 月 9 日《京报》披露，除已通缉李大钊等五个所谓“暴徒首领”外，又要通缉五十人，其中包括鲁迅和许寿裳，以及女师大的十二名教职员、学生。

后来白色恐怖日益严重，4 月 26、29 日，北大、女师大两校先后被军警包围搜查。当时大先生在亲友和学生们的敦劝下，不得不离家避难。但他仍然坚持到女师大、北大、中大等校讲课十多次。1926 年 5 月 30 日，是五卅惨案周年纪念，大先生应女师大学生邀请，到该校演说，鼓舞青年学生踏着先烈的血迹，奋然而前行。

1926 年七、八月，反动军阀统治下的北京，杀机四伏，大先生的安全进一步受到严重威胁。大先生决定接受厦门大学聘请，离京赴厦。行前的 8 月 22 日，是女师大毁校周年纪念日，大先生应邀赴校，发表演说，以“我们一定有悠久的将来，而且一定是光明的将来”（《华盖集续编·记谈话》）鼓励学生。1926 年 8 月 26 日，鲁迅离开了他生活、工作、战斗了十五年的北京，往厦门大学任教。

鲁迅先生的母亲——鲁太夫人

鲁太夫人鲁瑞（1857—1943 年）是鲁迅先生的母亲，绍兴安桥头人，是清朝咸丰辛亥科举人户部主事鲁晴轩公的第三个女儿。我和她老人家离别虽然已经四十三年了，但老人的音容笑貌，至今仍常常在我眼前闪现。我自幼受到她老人家的关怀和教育，她老人家给我留下了极为深刻的印象。

一

我一直跟着大姐姐们称呼鲁太夫人为太师母。记得第一次见到太师母是在 1922 年初夏的一个星期天，那时我才十一岁。太师母第一次到我们家（北京砖塔胡同 61 号）来做客。这之前，常听我大姐和她在绍兴读书时的老同学许羡苏姐姐谈到太师母，知道太师母从绍兴搬到北京，话听不懂，生活不习惯，每遇到绍兴人，听到乡音，她就非常高兴。特别是许羡苏姐姐和大姐，在绍兴读书时是三先生（周建人）的学生，所以太师母待她们格外亲热，平时常托她们代买些东西，戏称她们是她老人家的“活脚船”。她们每一两星期往八道湾去看望太师母一次，经常是完成了“任务”，又带回来新的“任务”。

太师母第一次来我们家做客，是贵客临门，记得当时我又激动、又兴奋。那天一清早起来，就主动地帮着大姐姐们做准备工作。十点钟左右，太师母到了。她是一位六十多岁的老人，头上梳着发髻，瘦高身材，腰不弯、背不驼，虽是放大脚，走起路来却很利落。目光慈祥有神。上身穿着藏青色上衣，下系黑色绸裙。给人以整洁、健朗的印象。那天大姐很忙，又做点心，又烧菜。许羡苏姐姐负责招待，连忙迎接，让坐。我和三妹有些怕陌生，很拘束，站在一边，有点手足无措的样子。谁知太师母一看到我们，和蔼又怜惜地问：“她们就是老二、老三吧？”于是拉我们到她老人家身边，就和我们谈开了，问我们几岁了，在什么学校读书，想不想爸爸（她老人家已经知道我们是没有母亲的孩子），等等。我们一一作了回答。她老人家给我的另一个印象是：喜欢孩子，同情孩子，是一位慈祥可亲的老人。特别是在吃饭的时候，太师母非常照顾我和三妹，经常提醒大姐姐们给我们夹菜。这一天，我们过得很愉快。这之后，太师母还来过两次，每次都受到我和三妹发自内心的欢迎。当然，也受到大姐姐们的热情款待。

进一步和太师母接近，是 1923 年 8 月 2 日至 1924 年 5 月 25 日这一段时期。当时，大先生一家从八道湾搬到砖塔胡同 61 号暂住，和我们住在同一个院子里。这期间，太师母以住在八道湾为主，有时来砖塔胡同住。每当太师母到砖塔胡同时，我们真开心呵！她老人家很理解孩子们的心情，当她知道我们没有什么玩具时，就送给我们皮球、毽子、气球等，另外，还把香烟盒里的图片等都收集起来，分给我们。这些都是我们当时最喜欢得到的玩具。她老人家还常讲故事给我们听，有时也讲讲绍兴的风俗习惯。特别是吃过晚饭，大先生到太师母屋里谈天，我们也挤进太师母屋里，听他们谈时事、讲故事、说笑话……那热烈、欢乐的气氛至今还萦绕心头。

1924 年 5 月 25 日，鲁迅先生家搬到西三条新屋。星期日我们常去那里做客，看望太师母、大先生、大师母。

1928 年，我的大姐离开北京，我和三妹住校了。我们就把大先生的家当成自己的家，几乎星期天都到西三条去，太师母每次总留我们吃中饭。

1930 年，许羡苏姐姐离开北京往河北大名府教书。于是，过去许羡苏姐姐帮助太师母办的事，有部分就由我来承担了。从 1930 年 3 月上旬开始，我还代太师母给大先生写信（详情参见《我代太师母给鲁迅先生写信》），代太师母给她老人家的亲戚（如她老人家的外甥阮和森先生等人）写信。写信时，经常受到她老人家鼓励和教育。

这期间（1930 年至 1935 年夏），如果学校里没有事，我总是星期六晚上去西三条，星期天晚上回校。开始安排我住在“老虎尾巴”，睡在鲁迅先生曾经睡过的床上。后来太师母住的那间屋子的北面接长了，她老人家就叫我睡在她的接长的后屋新搭的床上，便于谈话。那时我已经长大了，太师母是看着我长大的，对我无话不谈。

1935 年暑假，我在北师大毕业了，由学校介绍到杭州市立中学工作。和太师母离别，真是难舍难分呵，可是为了“饭碗”，又有什么办法呢！本来我打算以后积些钱，暑假时再去北京看望她老人家，可是工作后，我要负担部分家用，路费积不起来，终于没有如愿。起先，我还给太师母写信；大先生逝世后，我也曾写信安慰她老人家要节哀保重；太师母八十寿辰之际，我写信祝贺，奉寄贺礼。后来抗战了，兵荒马乱，竟连音讯都隔断了，分别后，再也没能见到敬爱的太师母，至今引以为憾。

十三年的相处，太师母对我们的关心、爱抚是无微不至的，对我们的教育也是多方面的，追忆往事，更使我缅怀太师母。

二

太师母是位很不平凡的人，她没有正式读过书，可是靠自修达到能够看书的程度。她老人家告诉我们，在她幼小的时候，她哥哥（也许是弟弟，记不清了）读书，老师给他上课时，她站在旁边听课将近一年。以后，由于封建陋规的影响，家里不准她听课了。她自己找些书看，遇到不认识的字，就问别人。记得在北京时，太师母也问过我们；可是，她老人家不认识的字，往往我们也不认识，我们就查字典告诉她。她老人家很高兴地说："这样你们也多认识了一个字。"我们可不敢在她老人家面前不懂装懂，不负责任地乱告诉她。因为从平时的谈话中知道，她最不喜欢不懂装懂的人。她说："字不认识不要紧，教给别人错字是害人!”由于她好学，又有毅力，不但能看章回小说，还能看报。

在北京时，太师母每天看好几份报，很关心时事。她老人家看了报，还要提出问题和大家讨论。记得那是1925年前后的事，当时张作霖、冯玉祥、吴佩孚等军阀混战，太师母常叫大先生讲他们之间的关系。太师母也发表自己的看法：张作霖怎样，冯玉祥怎样，吴佩孚怎样，是非公允，爱憎分明。有个时期，张作霖的飞机经常在北京市上空盘旋，有时竟投掷炸弹，北京八个大学的学生，为抗议军阀暴行，一度停课。记得有一次太师母和大先生还有许羡苏姐姐，曾就此事作过议论。在太师母房里，讨论这类时事问题，是经常的。

太师母的记忆力很强，平时看过的书很多，举凡《三国志》《三国演义》《红楼梦》《水浒传》《官场现形记》《西游记》《镜花缘》等书，她不知看过多少遍。每当手边没有合适的书可看时，她就把这些书中的一部拿出来再看一遍，用她老人家自己的话说，叫作“炒冷饭头”。她老人家也爱看《广陵潮》《啼笑因缘》《金粉世家》等小说。

太师母看的小说，多半是大先生根据太师母的爱好给买来的。1927年以后，大先生在上海时，也经常给她老人家邮寄小说。1930 年至 1934 年间，她老人家曾叫我陪着到书店去买书。记忆中去过三次。

太师母对书籍很爱护，看完了，一部部整整齐齐地放在她的书箱里。记得她当时有四个小木箱装书，每到夏天，太师母就叫我给她晒书、整理书。

太师母看了小说，常常讲给我们听，她讲起来有声有色，有说有笑。所以到她老人家那里做客，气氛十分活跃，心情总是非常愉快的。

我们看了《阿 Q 正传》，好奇地问太师母，真有阿 Q 这样一个人吗？她老人家笑笑说，在绍兴家乡有是有一个人叫阿桂的，但《阿 Q 正传》里写的事，不都是他的，有些是别人的事，那是选了许多人的事集中起来的故事。

太师母的好学精神，还表现在她七十多岁学习编结毛线。过去，太师母会绣花，会做针线，但不会编结毛线。后来她老人家看见许羡苏姐姐等编结毛线，发生兴趣了，也不顾七十多岁的高龄，下决心学习编结毛线。许羡苏姐姐和我先后都教过她。开始结不好，就拆了重来，一次又一次，不久，就学会了。她老人家自己编结了一条大围巾，后来又结了一件穿在外面的背心。太师母很不服老，是位非常有毅力的老人。

记得有一次我在结毛衣，一边结一边说："我结毛线很慢。"她老人家和蔼地对我说："我们绍兴有句老话：'做生活不怕慢，就怕掼'。"（绍兴方言，"掼"，是掼开，放在一边的意思。）这是太师母婉转地教育我做事要坚持到底，不可半途而废。这不正是大先生的韧性精神么！

太师母很能接受新事物，新思想。就拿她老人家剪头发一事来说吧。在1926年前，北京的妇女都是梳发髻的，女孩子梳小辫子。剪发的女学生有是有的，但为数极少。当时有些女学校，甚至不收剪发的女学生。北伐后，女学生大多数剪去小辫子；中年妇女也有些人剪了发，但五十以上的老太太，绝大多数还是梳发髻。太师母看到别人剪了头发，梳头发方便，常常问我们剪发的好处，我们说出很多优点。她老人家动心了，因为梳发髻躺着看书看报，很不舒服。经过观察和考虑，终于剪了发。剪发之后，她老人家准备了一副理发工具，头发长了，开始是由许羡苏姐姐替她理发。许羡苏姐姐离开北京后，我替她老人家理发。记得她老人家后面的头发生得很低。大先生后面的头发也很低，大约是像太师母的。

太师母待人很热情，特别对待青少年更是爱护备至。我和三妹在西三条太师母那里度过星期日的那些日子里，享受了多少的家庭温暖呵！她老人家时常炒发芽豆（把老罗汉豆浸在水里，使之发芽，再晒干炒熟）给我们吃。发芽豆晒在自己的房里，她老人家每天亲自随着阳光，移动晒具，直到晒干为止，这要付出许多精力。炒熟后，吃起来又香又甜。她老人家自己，早已装了假牙，不能吃硬食。这些发芽豆是专为我们准备的。

太师母胃口不大好，食量很小。但却很希望我们能够吃得多些，有时吃完饭，她老人家笑眯眯地问我："老二，你今天吃了几碗?"我说："三碗!"因为到她家里，我总是放开肚子吃的。她老人家高兴地说："好！好!"又说："我自己老了，吃不多，可很喜欢看你们年轻人吃饭，吃得多有滋味呵!"

有一次，我在校内不慎被偷去了三元钱，当然这对我来说，是很大的损失。我非常心痛，可也没有什么办法，只好自认晦气。星期天，我向太师母讲了。太师母非常同情，一再说，以后自己的东西要放好，不可大意！我深切地感受到老人家对我的关怀。可我实在没有想到，当我要回校时，她老人家竟从她自己的零用钱里拿出三元钱给我。她说："三元钱，在你是一笔很大的数目，而我是可以省下来的，所以那三元钱就算我丢掉了，这三元钱你拿去用吧!"我知道她老人家的脾气：

她给人东西，总是诚心诚意的，如果不收，她反而不高兴。我感激地收下了这意外的三元钱，可心情怎么也平静不下来。

太师母看书报，常常是靠在床上看的，背后有一个二尺见方的靠背枕头。枕套是花布做的，已经旧了，我和三妹合绣了一个枕套送给太师母。枕套用彩色线在白布上绣了四个孩子，但我们的针线活不高明，绣工粗拙，花样也不新鲜，所以这个枕套是不太好看的。可是太师母却不嫌弃，欣然接受了，并且马上使用。记得我 1935 年离开北京时，她老人家还在用着这个枕套。

太师母格外受到我们的尊敬，是她那不同于一般妇女的倔强的性格、坚毅的意志。她老人家曾对我们说过：那是太先生（伯宜公）还在世时的事。有一次太先生的弟弟（不是同母的，年龄与鲁迅先生不相上下），不知为什么和鲁迅先生几兄弟发生了纠纷，吵架了。介孚公（大先生的爷爷）偏袒小儿子，处事不公平，要打孙子。太师母看不过去，站出来说："孩子们吵架，应由孩子的父亲自己管教。"一个世纪前的封建家庭妇女，能勇敢地与长辈理论，多么不简单呵！

清朝末年兴起天足运动，反对幼儿裹脚，主张把裹小的脚放大。太师母积极响应，很早就放了脚。等大先生从日本写信来劝母亲放脚，她老人家已经扔掉裹脚布，自己解放自己了。当时房族中有一老一小，思想顽固，老的诬蔑放脚的女人是扫帚星，要败家的，太师母坚决不理他。小的就到处造谣，说她放大脚要去嫁给外国鬼子了。太师母听到这种污蔑，自然很生气，但她毫不示弱，冷冷地说：“可不是吗，那倒真是很难说的呀！”说来也怪，谣言倒是不攻自破了。

大先生不止一次地说过，太师母遇到不平的事情，是要斗斗（斗争的意思）的。

在京时，太师母的生活费原议定是由大先生和周作人共同担负的。大先生总是如期奉上，而周作人常过期不送。太师母对此很不满意，有时就亲自坐车到八道湾去讨账。有一次被大先生知道了，劝老人家不要去了，免得淘气。并说：“要钱我这里有。”太师母说，并不是等钱用，而是气他们的这种行为。接着说：“只当我少生了他这个儿子。”

1925 年，北京学生掀起抵制日货运动。太师母态度明朗，她把自己日常用的日本伞、面盆等等都砸碎了。这些场合，她老人家从不考虑周作人的老婆（信子——日本人）的情绪的，更不管这些东西是她买回来的。

在北京女师大风潮和三一八惨案中，太师母态度鲜明，始终是和大先生一致的。她老人家明明知道和反动派斗争有生命危险，很担忧，但无限信任大先生，认为他是正义的，所以总是积极支持。太师母当时已是七十岁高龄的人了，情愿奔走避难，对大先生从不阻拦或埋怨。

太师母也常谈自己的身世。她三十九岁时，太先生就去世了。太先生在世时，房族和街坊邻里间的关系还是过得去的，太先生去世后，只剩下孤儿寡妇，这在旧社会是要受人欺的。加之那时家境困顿，她独自带着四个孩子，不但要筹划一家人的生计，有时还要挤出一点余款，接济境况更坏的亲友。当时太师母遭到怎样的困境，是可想而知的了，而太师母却经得住种种艰难、辛酸的考验。

太师母很有主见，很有远见，她老人家不管境况怎样困难，总是鼓励大先生兄弟上进。大先生到南京江南水师学堂读书，当时许多人认为这不是正路，学洋务，是“将灵魂卖给鬼子，要加倍的奚落而且排斥”（《呐喊·自序》），而太师母不顾流言蜚语，坚决地顶住来自各方面的责难，想方设法张罗了八元路费，打点简单行装，送大先生上路。大先生临行时，她老人家因为儿子第一次出远门，前途又很渺茫，所以心里很难过。但仍鼓励大先生说：“我们绍兴古话，叫作‘穷出山’，你要争气。”（意思是：穷人的孩子读书是会有出息的；富人的孩子读书倒不一定怎样。）她老人家对儿子抱着多大的期望，而又怀着一颗怎样刚强的母亲的心呵！当大先生放假回家时，她老人家发现他的黑棉袄破了，为了不使白棉絮露出来，他在破处糊了一张纸，用墨把纸涂黑。又知道南京冬天很冷，大先生为御寒而学会吃辣椒，老人家该是多么心疼而又心酸呵！可是当鲁迅先生假期满了，回南京时，她老人家仍是愉快地送他上路。

太师母这一生，不说生活，就是感情上、精神上经过多少磨难呵，许多亲人都先她老人家去世。当她的唯一女儿——端姑——一周岁多病死后，太师母说她有好几个月都是和衣而睡，总是忘不了这个一直贴在怀里的可爱的小女儿。伯宜公卧病三年，终于吐狂血而死。沉重的家庭担子，顿时落在太师母肩上。接下去是幼子椿寿病逝，太师母久久不能忘怀，找人画了一张像，一直随身带着。在西三条时，画像就挂在吃饭间饭桌前的墙上。

1936 年，我不在北京。听三妹说，大先生逝世，对于太师母，真是晴天霹雳，噩耗传来，她老人家伤心到了极点。大先生 1926 年离开北京，1929 年，1932 年两次回北京看望太师母，都留给她老人家以健康的印象。太师母万万没有想到1932年11月28日和大先生一别，竟成母子永诀！可是太师母虽在极度悲恸的处境中，仍能注意克制自己的感情，尽量不在别人面前流泪，只是在大先生逝世的第七天那一天，她老人家实在忍不住了，大哭了一场。她老人家说："一个女人，最伤心的是死了丈夫或孩子。"接着说："端姑死得早，太先生卧病三年，他的逝世总有些想得到的。老四（椿寿）死了几十年，至今我还常常想到他，老大是我最心爱的儿子，他竟死在我的前头，怎么能不伤心呢？"又说："论年龄，他今年已经五十六岁了，也不算短寿了。只怪自己寿限太长！如果我早死几年，死在他的前头，现在就什么事情都不知道了。"

老年丧子，心情的沉痛是可想而知的。但她老人家很坚强，能正视现实，顽强地战胜一个个无情的、灾难性的精神打击。太师母确是一位很不平凡的老人。

我常常这样想，鲁迅先生一生的卓越成就，固然与他严于解剖自己艰苦奋斗有关，更重要的是党和人民对他培养教育的结果，但是他的母亲对他的影响，也是一个不可忽视的因素。

1978年1月14日

太师母到我家避难

这是1926年4月16日的事。三一八惨案发生后，段祺瑞及其帮凶者，为了继续镇压革命的群众运动，先有通缉五个所谓“暴徒首领”之令，接着又有要通缉五十人的传说。4月9日《京报》公布了名单，只有四十八人，鲁迅、许寿裳、马裕藻等均列名在内。为防万一，大先生、许寿裳等在他们的好友、教育部同事齐寿山的大力帮助下，先后在山本医院、法国医院、德国医院等处避难。大先生在北京的避难生活是很特别的，他有时回家看看，在家里写文章，看书报，和太师母谈谈情况，安慰老人。在避难中，他还按时到学校去讲课。外面的风声紧了，齐寿山自有特殊的办法：得到消息，便立即设法通知他们，大先生等人就迅速地住进医院，或其他预先联系好的地方。在避难的地方，“夜间在水门汀地面上睡觉，白天用面包和罐头食品充饥。鲁迅在这样的境遇中，还是写作不辍。”（许寿裳：《我所认识的鲁迅》第55页）大先生的特点，十分爱惜时间，他从不让时间白白地流逝，从不让自己空闲下来，所以即使在避难中，他仍然写文章，或代人校对，或修改文章。听许羡苏姐姐（她当时为大先生做“交通”）说，她哥哥许钦文的《故乡》就是大先生在避难中校完的，大先生戏称它为“逃生”（双关语，绍兴话称私生子为“逃生”）。

4月16日下午，大先生得到一个消息，说当晚可能要捉人，并要抄家。这可有点使他着急了。大先生自有藏身之处，他不怕；可是要抄家呢——大先生不怕别的，只怕太师母高龄，要受惊恐，身体、精神吃不消。最好出去躲一躲。但这消息来得太迟，临时到哪里去避难呢？大先生正在着急的时候，我的大姐俞芬和许羡苏姐姐到了。大先生向她们说了这个事情。大姐灵机一动，邀请太师母、大师母到我家暂时避避，许姐姐也同意大姐的意见。当时我们住在真如镜一号。这房子的产权属于法国教堂，而且和法国教堂，只有一墙之隔。收房租的人曾多次关照，万一时局紧急，有事时，允许我们从窗口跳到教堂的院子里，到时候教堂也会在我们窗口搭上梯子。只要到了教堂的院子里，就没有问题了，因为军队、警察是不敢进教堂的。这是一个万全的办法，太师母同意了，大先生也放心。事情决定下来，大姐连忙回来通知我和三妹说：太师母、大师母、许姐姐今晚到我家来住，叫我们把房子打扫干净，并嘱咐说，我们的大床让给太师母和大师母睡，叫我再向楼下的薛伯伯家借铺板搭两张床，给我们三姐妹和许姐姐睡……

这里我把我们租用的房子略略补述一下。这是一座二层楼的房间，楼上楼下各三间，楼下薛伯伯一家租用，楼上我们三姐妹和章伯伯一家合租，我们住东面的一间，章伯伯家住西面的一间，中间的一间两家公用。这座房子的开间比较大，每间有二十平方米左右。另外，各家的厨房都在楼下，所以这所房子还算宽敞的。

我和三妹一听说太师母要来，真是喜出望外，高兴极了。我觉得我从来没有这样自觉又尽力地收拾屋子过。我和三妹首先把房子打扫好，把房里的陈年灰尘，打扫出去，又用清水擦洗干净。接着把大床的垫被垫得厚厚的，换上干净的床单，和最干净最好的被子和枕头，一心想让两位老人家睡得舒舒服服。向薛伯伯借来的两副床板也拿上来了，可是还没有搭好床，大姐和许姐姐陪着太师母大师母来了。她们看到我们把房子整理得干干净净就夸奖了一番。看到太师母和大师母还有许姐姐，我们真开心哪！太师母、大师母是第一次到我们这里来，看来她们两位老人家对这里还是满意的。我猛然想起，现在是应该我们招待她们了，于是上前招呼她们两位老人喝茶、吸烟。大姐忙到厨房准备晚饭，还叫我到厨房做她的助手。因为突然增加了三位客人，特别太师母、大师母两位老人既是稀客，又是贵客，锅碗瓢盆，都不够。只得向邻居借用，或者把自己搁置的东西拿出来用。不管是借来的，还是自己的，都得用清水洗净，再用开水泡过，擦干，然后盛放大姐炒好的菜，端到楼上。这一切都是我这个“助手”的任务。尽管又忙、又累，但在晚饭前，我都顺利地完成了。吃晚饭的时候，太师母夸奖菜烧得好吃，大姐很高兴。太师母、大师母毕竟是上了年纪的人，胃口不大，大姐夹给她们的菜，她们又把大部分夹到我和三妹的碗里。太师母叫我们帮助她们吃；我呢，收也不是，还也不好，开始有点尴尬，后来只好“来者不拒”，于是都吃下去了。饭后，我把该收拾的都收拾干净了，想想这个下午，为了招待太师母、大师母、羡苏姐姐，我做了不少事；人倒也不觉得吃力，工作中没有出差错，感到很高兴。刚想进屋去听听老人家和大姐姐们谈天，可是大概是菜吃得太多的缘故，口渴得很，于是走到茶几边去找茶壶。当时外间屋没点灯，很暗，看不见，我就悄悄地用手摸。摸来摸去，我摸到的都是茶杯，就是摸不到茶壶。怪了，我明明记得，茶壶是放在茶几上的，怎么没有了呢？我心里一急，口里越渴，后来一不小心，“啪”的一声，茶壶掉在地上，打碎了。我吓了一跳。太师母坐在里屋床上，连忙问是什么东西打碎了？大姐拿着灯出来，看到我把茶壶打碎了，很心痛，刚要骂我，羡苏姐跟着出来解围了，她说：“老二已经吓了一跳，不要再骂她了。”说这话时，她还用手指指里边，暗示大姐，两位老人在里边。在昏暗的灯光下，我看见大姐狠狠地瞪了我一眼，回到里屋去陪太师母、大师母谈话去了。我收拾好茶壶碎片，擦干了地上的水——奇怪，闯了祸，口倒不渴了。

不一会，我走进里屋，想听太师母和大姐姐们谈话，看到太师母的床边已围满了人，就在刚搭好的床上坐下。突然，我感到大腿上好像被针猛刺了一下，很痛。这时我想，太师母、大师母在，不便声张，只是悄悄用手去摸痛处，想把针拔出来。谁知手又被刺了一下，这时我才意识到，不是针，可能是蝎子——因为这床板是借来的，他们平时不用，放在阴暗的地方，刚才以为反正是我们睡的，脏点也不要紧，急急忙忙，没来得及仔细打扫，哪里想到……我这才说出这床上有蝎子，刚才螫了我两下。于是满屋子的人，顿时紧张起来。大姐姐们又是忙着找蝎子，又是急于设法为我止痛解毒，忙乱了一阵。蝎子没找到，而当时已是晚上八点多了，外面又是戒严，店铺早已关门，到哪里去找药呢？后来，好心的薛伯母，把药送来了。敷了药，就好多了，可太师母却还在着急。她老人家以没有捉住蝎子把它弄死为憾事：一面担心蝎子再爬出来螫人，一面好像只有把蝎子找到，弄死，才能替我解恨似的。她微微地责怪大姐姐们，为什么不把蝎子找到，弄死，说不定还会爬出来螫人，而且老二白白地被它螫了两下太便宜了它！……天晚了，大家睡了。我的右手和左腿，被蝎子螫过的地方，渐渐不痛了，人也够累的，不一会也就睡着了。一夜没有发生什么事。

第二天一早，太师母看我醒来，就问我，蝎子螫过的地方还痛吗？我看了看说："痛倒不痛了，可是手臂、大腿上都起了一条红腺。"太师母叫我过去，老人家反复看着，怜惜地说："这红腺是毒气，看来这蝎子是很毒的，螫得不轻，要是娇生惯养的孩子，眼泪都不知要流多少呢？"我说："太师母，你们来了，我高兴还来不及呢，怎么会哭呢？"又说："太师母，你们最好多住些日子。"老人家微笑着摸摸我的头，没有正面回答我的话，只说："下次做事要细心些。当然，昨天是我们把你们忙坏了；忙中出错，是难免的。"太师母多么懂得我的心哪！

我们刚吃过早饭，潘妈来了，是来接太师母、大师母、羡苏姐姐的。潘妈说，大先生已在一个旅馆租好了房间，请太师母等三人去那里住。潘妈还说："昨夜家里没事，宋紫佩先生派董先生来管家的。"于是太师母她们吃了早中饭回去了。

送走了太师母她们，又要还东西，收拾屋子了。可我的劲头一下就跌了下来，做事总是无精打采，慢吞吞的。我心里好像失去了什么，一肚子的懊恼，被蝎子蜇过的地方，似乎又隐隐作痛了。

没想到，过了不久，潘妈又来了，说大先生听说昨晚我被蝎子蜇了，不放心，叫我们下午到西三条去一趟，给他看看。这下我高兴了，赶紧和大姐、三妹一起去。进门后，知道太师母、大师母、羡苏姐姐都已到东安饭店去了，家里只有大先生和潘妈、王妈在，整座房子冷清清的。当时大先生正在南屋整理东西，见我们去了，他迎了出来。大先生看到我手臂上的红腺，也说这个蝎子是很毒的。又笑着说："听说当时太师母一定要找蝎子，这位老太太真是由自己说，人被蜇了，总应该先管人的。”大先生说着把他事前准备好的药，给我敷上，安慰我说：“不要紧的，过几天红腺会退去的。”

我们坐了一会，看大先生很忙，大姐就带着我们向大先生致了谢，告辞回家了。

大先生在这样艰难的处境中，对我被蝎子蜇了这么点小事，还亲自给我敷药医治，使我深受感动。他那慈祥、和蔼的笑容和对我的深切关怀，直到现在，还深深地印在我的心里。

太师母谈鲁迅先生

我从十一岁见到太师母起，这位老人就给我留下了深刻的印象。后来，大先生一家搬到砖塔胡同 61 号，和我们住在同一个院子里，我们和太师母接近的机会就多起来了。待到西三条新屋建成，大先生一家搬到西三条以后，我们仍然常到他们家里去玩。1926 年 8 月大先生离开北京到厦门、广州、上海等地工作，我们去看望太师母的次数更多了。我总感到这位老人有极大的吸引力，在她老人家身边，我感到幸福、愉快。

太师母是位慈祥、可亲可敬的老人，她老人家记忆力很强，谈锋极健。老人常常给我们讲大先生的故事，言谈中流露出对大先生的无限喜爱。

记得大先生离开北京后，太师母非常想念他，老人把大先生的照片放在枕边，特别后来，每次接到大先生从上海寄来广平师母和海婴的照片，太师母都视若珍宝，一并放在床头，一空下来就把照片一张张地看过来，寄托思念之情。有一次，她老人家看着照片，忽然对我说，“你看，你们的大先生的一双眼睛多么有神，从他的眼光中，可以看出他很有主见，非常刚正；他从小就不欺侮弱小，不畏强暴；他写文章与人争论，话不饶人，但对朋友心地却是很厚道、极善良的。”由此可见，太师母对大先生了解之深，喜爱之切。

我有机会聆听太师母讲述鲁迅先生的故事，真是万分荣幸！现在将太师母讲的部分故事，记在下面。有些情节，不免带有迷信色彩，因为有的是九十多年前的事了，不好拿今天的眼光去看，我也写上了。

襁褓中两次“出家”

太师母说：“你们的大先生是阴历八月初三出生的，他和‘灶司菩萨’同生日，而且他出生的那年是闰年，他出生时的衣胞是‘蓑衣胞’（这是绍兴话，大约是指婴儿的胎胞质地薄，像蓑衣的样子的意思）。当时许多老人说：闰年出生的人，又是‘蓑衣胞’，而且又和菩萨同生日的孩子，是很少的。这样的孩子，将来一定有出息；不过，就怕难以养大。于是，我们全家就忙起来了，先是给他向菩萨去‘记名’。什么叫‘记名’呢？‘记名’就是报名的意思。向菩萨报过名，就是说他已是‘出家人’了，不再是人家的娇儿，免得神鬼嫉妒，要想法子抢夺去。这样做了我们还不放心，又把他抱到寺里拜和尚为师，表示他已经‘出家’做了小和尚；这样做的目的，和向菩萨记名是一样的。总之，他一生下来，我们全家人，上自爷爷，下至太先生和我，都想方设法，使他能够顺利长大成人，因为他是周家我们这一房的长子、长孙。”

“胡羊尾巴”的由来

太师母说：“你们的大先生，从小就很聪明伶俐，常受到长辈们的称赞。记得有一年正月里太先生陪着几位本家长辈玩牌。周家规矩，平时是不许打牌的；但每逢过年，正月里，大人们像爷爷、太先生等长辈们是可以到大厅去打麻将牌、纸牌或掷骰子等玩玩的。那时你们的大先生还小，叫名才五岁吧，当然他不可以去玩牌的，但外面很热闹，他就走到大厅里去了。他在牌桌间转来转去，大概是想弄点东西吃吃。玩着玩着，他走到太先生身边看他爸爸玩牌了。当时有一位长辈看他可爱，逗趣地问他：你欢喜哪一个人打赢？他出人意外地回答：‘我喜欢大家都赢！’一句话引得大家都笑起来了，连连称赞他聪明。从此，你们的大先生得了‘胡羊尾巴’的外号。”“胡羊尾巴”是绍兴话，是对孩子聪明、伶俐、活泼等等喜爱和称赞的意思。

择师要领：不打孩子

太师母讲起大先生时，也回忆到太先生。有一次，老人家欣慰地说：“太先生和我两人，一向反对打骂孩子。太先生比我严厉，孩子们既怕他，又尊敬他；孩子们对我除尊敬外，更亲近些。太先生和我对待孩子们的过错是讲道理，道理懂了，过错就会改正的。在给孩子们挑选老师时，我们规定了两条：第一，学问好，为人正直；第二，不打孩子。因为打骂中长大的孩子，好的不多。‘三味书屋’的寿镜吾老先生正是这样的老师。”

听了太师母的这段话，我想，大先生和太师母的教育观点，对大先生幼年时期性格的形成，是不无影响的。

爱整齐像太先生

太师母说："你们的大先生从小就很爱护书籍和文具用品，总是把它们收拾得整整齐齐，就是包一个纸包也是方方正正的。他的这些习惯，很像太先生。太先生身体一直不大好，但他酷爱整齐。记得有一次，我为了挂手巾，在房里挂一条绳子，没想到两个钉子，钉得有些高低，因此绳子有些歪斜。太先生看到了，觉得很不顺眼，几次进屋来看看又量量，最后终于亲自动手，把钉子重新钉过，绳子拉正了，他才称心。"

小小年纪挑起重担

太师母说："你们的大先生从小就很懂事，办事能干。大约是你们大先生十三岁那年吧，家里连连出事，先是爷爷介孚公因科场案下狱，接着太先生卧病三年，医治无效，吐狂血逝世。从此沉重的家庭担子，就落在他的肩上。在那艰难的岁月里，他最能体谅我的难处；特别是进当铺典当东西，要遭受到多少势利人的白眼，甚至奚落；可他为了减少我的忧愁和痛苦，从来不在我面前吐露他难堪的遭遇。而且，对于这些有损自尊心的苦差事，他从没有推托过，每次都是默默地把事情办好，将典当来的钱如数交给我，不吐半句怨言。”

太师母接下去说：“记得在太先生逝世不久，有一次，本家长辈们为重新分配房屋，集会商议。他们欺负我们这一房孤儿寡母，爷爷又被押在狱中，分给我们的房屋既差又小。你们的大先生对这种不公平的分法，非常不满，当场提出这件事情自己不能做主，要请示爷爷，坚决不肯签字。当时他还是一个未成年的孩子，足见他多么机智而又有决断。当然，这类事带给他内心的创伤是深重的，使他从小就看清了本家长辈们的真面目。”

同巧木工的友情

太师母说：“你们的大先生，一向和劳苦人很亲近，他没有‘读书人’的架子。在绍兴时，他除一些农民朋友外，还有一位木工朋友，名叫‘和尚’，大家都称呼他为‘和尚师傅’。这位木工师傅，年纪比你们的大先生大十来岁，是看着你们的大先生长大的；很喜欢他，曾做一把木头‘关刀’送给他玩。当时他还小，还是穿和尚衣领的大红棉袄的时候（绍兴习俗：孩子生下来，外婆家要送和尚衣领的大红棉袄给孩子，这种衣服很长大，一般可以穿到四五岁）。你们的大先生很喜欢这把‘关刀’，拿着它到处‘示威’。他天真可爱的举动，常引得大人们发笑。后来他长大了，到南京、日本等地去读书，但一直没有忘记这位木工师傅，每次从外地回家，总要去看望木工师傅。直到后来决定全家迁居北京，他回绍兴来接我们时，还去看望木工师傅，并和木工师傅商量如何装箱运书。他生怕心爱的书籍在长途运输中损坏，木工师傅为他出主意，并替他做书箱，建议他用运输绍兴酒坛的办法运书。这办法就是用竹络把书箱络起来，这样，书箱不会松散，书籍不致受损。他照办了。果然，运到北京的书箱，里面的书籍都完好无损。你们的大先生非常佩服这位木工师傅的办法，常常夸奖他聪明、能干又热心，称赞他是一位很有才能的巧木匠。”

接信感谢“送信人”

太师母还说：“你们的大先生住在这里（指西三条）时，每当傍晚，送挂号信的邮递员叫门，大半是他自己去接信的，接到信后，他总要和邮递员讲讲话。有一次，我问他：‘你们在外边讲些什么呀？’他说：‘邮递员送信很辛苦（那时邮递员送信都是步行的），信送到了，我请他吸支烟，喝杯水，在门洞里坐坐，歇歇力表示对他的感谢。’”太师母接下去说：“你们的大先生一向是很体谅别人的辛劳的。”

力尽长兄之责

太师母常说：“你们的大先生很重情谊，特别是对待自己的兄弟，真是爱护备至。他从小就担负起长孙、长子、长兄的责任，对长辈尊敬，对兄弟友爱，在他离开绍兴去南京的途中，他还惦记着老亲、弱弟，写书寄怀。他初到北京，每从报上或同乡人处听到绍兴发生事故的消息，就连连写快信来问我们的安危。他对老二（周作人）、老三（周建人）极其关怀。他们三兄弟很早就决定长大以后永不分家。决定老大、老二将来工作得来的薪金，大家合用，不分彼此。加之，当时你们的三先生年幼多病，老大、老二就商定让老三留在绍兴工作，既可以陪伴我，又可以照料家务。

你们的大先生说到做到，在他身上，真是没有半点私心；

一切棘手的事，他总是上前，虽然，他比老二只大四岁。比如卖去绍兴的房子，买进北京八道湾的房子，到绍兴接我们一家人到北京等等烦琐的事，都由他一人承担。他早年写的文章，有的就以老二的名字发表，他总是把享受、荣誉让给兄弟，吃力的事由自己背起来。”

太师母又说：“再比如拟定修建八道湾房屋的规划，他首先考虑的是孩子们的游戏场地，那时你们的大先生自己并没有孩子，你们看他的心思多好！又如分配房间，他把最好的留给我和老二、老三住，自己却住较差的。他的薪金，除留少数零用外，全部交出，作为家用。家用不够了，他四出奔走，向朋友们借贷。他总是处处替别人着想，成全别人委屈自己。至于后来和老二一家分开，完全是老二夫妇的过错，他是没有责任的。我说句实在话，分开倒是对你们大先生有利。”

……

每当太师母谈到大先生的故事时，她老人家总是深深地沉浸在一种自豪、欣慰和怜惜的母爱的激情之中。

太师母谈鲁迅兄弟

近来有的同志同我谈起，鲁迅先生为什么从八道湾迁出，搬到砖塔胡同暂住的问题，这对研究鲁迅，特别是鲁迅与周作人的关系，确是很重要的。关于这个问题，许寿裳的《亡友鲁迅印象记·西三条胡同住屋》和《我所认识的鲁迅·关于〈弟兄〉》，许广平的《鲁迅回忆录·所谓兄弟》，以及川岛的《弟与兄》（见《鲁迅回忆录》第二集，上海文艺出版社出版）都有叙述。这些文章，特别是广平师母的回忆，是很宝贵的资料。这里，我把太师母和我们谈到的一些情况和我亲自接触到的一件事情写在下面，或许不无参考价值。

自从大先生一家搬到砖塔胡同来住，特别是太师母的常来，在我们的生活中，增添了无限乐趣。太师母有许许多多有趣的故事，她讲起来生动有趣，常吸引着我们，使我们不肯离开。大先生和蔼可亲，从来不摆架子，我们向他提出的要求，他总是有求必应。有时我们问他问题，不管是书本上的，还是课外的，他总是耐心地仔细地给我们讲解。他高兴时空下来，也和我们一起玩，在那种时候，他仿佛孩子似的，和我们一块跑呀，追呀，做体操呀，真有意思。太师母言语不多，总是默默地在操持家务，或做针线，闲下来吸一阵水烟；有时也和我们谈谈家常，谈谈生活，在这方面她是很关心我们的。另外，自从他们一家搬来后，我发现大姐对我和三妹的“暴政”也似乎收敛多了。许羡苏姐姐们也来得勤了。因此，对大先生一家搬来，我欢迎还来不及呢，怎么还会说出“大先生一家为什么要搬到砖塔胡同来”这样不通情理的话呢？而且，那时我们年纪小，也不会想到这样的问题。

过了几年，我大些了，太师母有时和我谈谈家常：爷爷介孚公下狱；太先生伯宜公卧病三年，终于吐狂血病逝；四先生得急病身亡，等等，那些凄凉悲伤的往事。

有一次，太师母谈到大先生等三兄弟了。我问太师母，为什么大先生、二先生都到日本去留学，三先生没有去留学呢？太师母叹了一口气说：“其实依我看，他们三个兄弟都聪明懂事的，读书都读得出山的。你要晓得我如果没有他们的安慰，早已不想做人了。他们都很争气，小时候没有一个给我淘气的；而且三兄弟十分友爱，他们曾经不止一次当着我的面说，将来他们三兄弟永不分家。你们大先生、二先生出去读书，三先生因自幼身体瘦弱多病，我也不放心他离开我，而且那时家里也确实没有钱。于是，你们大先生、二先生商量决定，他们出去读书，让你们三先生留在绍兴，一面照料家务，一面可以陪伴我；再在绍兴找点工作做，一面自学。将来他们学成回国，工作以后，收到薪金大家合用。这就是你们三先生没有出去留学的主要原因。你们大先生一向以长兄自居，他不惜牺牲自己，照顾弟弟，把一家的重担放在自己肩上。他回国后拿到薪金，确实是全家合用的；那时你们二先生在日本读书，大学没有毕业就结婚了，官费不够用，大先生就放弃在国外的学习研究，回国找了工作，寄钱去接济他，甚至还接济羽太信子一家人。”

“后来卖去绍兴的老屋，三兄弟商定定居北京，同住在一个院子里。你们大先生就在北京买进八道湾的房子，办理手续，修缮房屋，购置家具，奔走借贷，都由他一人承担。他对这所屋子的设计，都是从侄儿侄女们的发育成长考虑的，同时也照顾日本人的居住习惯。只是这一点，就可以看出大先生的品德了。”

“开始三兄弟住在一起很要好，大家很高兴，后来你们三先生到上海商务印书馆工作，大先生、二先生兄弟俩仍旧很要好，两人同进同出，商量写文章，做学问……”

太师母接着说：“这样要好的弟兄却忽然不和，弄得不能在一幢房子里住下去，这真出乎我意料之外。我想来想去，也想不出个道理来。我只记得：你们大先生对二太太（信子）当家，是有意见的，因为她排场太大，用钱没有计划，常常弄得家里入不敷出，要向别人去借贷，是不好的。”

另一次，太师母说起二太太信子有一种病，她如果一生气或过分激动，人就要昏过去，像突然死去一样，真吓人！在绍兴时，她一发病，大家都没办法，急得不得了。后来，她的弟弟重久来了，才知道她一向有这种病，这是歇斯底里病。发病时，不知道的人很着急，其实，过一会就会好的。家里的人这才放了心。

太师母说：“你们大先生和二先生的不和，完全是老二的过错，你们大先生没有亏待他们。现在他们住的八道湾的房子，是你们大先生亲自买进，亲自设计改建，是他亲自把我们一家老小接到北京来的，现在他倒反而没份住，老实说，我想起来都替他心酸。……”我看太师母很激动，她老人家不往下说了，我也没敢多问。

写到这里，我又想起一件事来：有一次，1924 年 11 月 16 日，是星期日，大姐带着我和三妹到大先生家去，走到西三条 21 号门口，一敲门，只听得潘妈（照顾太师母的保姆）大声问：“谁呀?”她听到我们的回答声，才忙来开门，笑着说：“进去坐吧！他们都在家呢。”我们刚进了门，潘妈就很快地把大门闩上了。这和往常不同，记得前几次去，大门是不上闩的。

我们走进太师母屋里，太师母劈头就告诉我们：“前三天，上星期四那天，你们大先生屋里来了一个很奇怪的客人，是一个年轻人，他装疯作呆地闹了一阵，还一定要向大先生要钱。潘妈去倒茶，这个人当着大先生的面，问潘妈，他（指大先生）不是很有钱吗？潘妈说了一句‘没有’。就慌忙跑出来告诉我：‘这个客人是来找大先生要钱的，看路头，他不是好人。’我吓了一跳，大家都很着急，幸亏你们大先生在家，后来总算把他送走了。”大姐性急又好奇，向太师母说：“我去问问大先生去。”说着就跑到大先生屋里去问详细情况，我和三妹在后跟着。

只见大先生坐在藤椅上，他把当时的情形给我们讲了一遍，他边说边把当时的动作：如略移藤椅、预备容易取得抵抗的武器等，都说给我们听，比给我们看。大先生同我们讲的和他在《记“杨树达”君的袭来》一文中所记的完全相同。大先生当时怀疑这个人是别人派来的流氓，是来捣乱的。最后说：“这里确实偏僻了一些，如果闯进几个流氓来，实在招架不住的。所以，现在加紧了防备，有人来，先要问清楚是谁才开门，并且随手加闩了。”“哦，原来是这样，怪不得今天潘妈等我们进门后马上加闩，与上几次不同。”大姐说。我一边听大先生讲，一边想：大先生真勇敢。也就随口问道：“大先生你和他一起上厕所，不害怕吗?”大先生说：“有什么可怕的，料他也不敢动手；如果动手打起来，他也未必打得过我。况且这究竟是我的家里，家里潘妈等人肯定会出来帮我的。”大先生多么镇定，考虑问题多么仔细呀！我这样想。

我们听完了大先生的话，又回到太师母的屋里。太师母告诉我们：这个流氓说还要到周作人那里去……大先生在朋友、学生的劝说下，同意他们带口信给八道湾周作人。从这一行动，可见当时大先生对周作人的兄弟情谊还是有的。老人家说这些话时也显出宽慰的神色。

我代太师母给鲁迅先生写信

我代太师母给大先生写信，是从 1930 年 3 月开始，到 1935 年夏，我大学毕业参加工作为止。这五年多，太师母给大先生的一百多封信，绝大部分是由我代笔的。

这之前，太师母的信多数是由许羡苏姐姐写，间或由宋紫佩先生写（宋紫佩先生是大先生早年的学生，当时在北京图书馆工作，大先生离开北京时，曾嘱托他代为照顾家属，特别是太师母。北京寓所的家用，也是寄存宋处，由他按月送到西三条的）。1930 年春羡苏姐离京到大名府师范教书去了，于是太师母就把这个任务交给了我。

大先生对太师母非常孝敬，太师母去信，在一般情况下，他总是尽快地回信。因此这段期间大先生给太师母的信，也近一百封。

太师母给大先生的信，平均每月两封。有时大先生的来信偶有遗失，或因事迟复，太师母就去信询问；如果大先生较长时间没有收到太师母的信，也写信来问，从而发现其间有一些信遗失了。就这样，他们母子间的信，在正常情况下，从没有中断过。太师母寄出了信，就把能收到回信的大约时间计算好了，到时候没有回信来，她老人家就焦急起来，我们就商量着再写信去。

回想我代太师母给大先生写信的五年，正是祖国动乱的五年。日本帝国主义疯狂侵略我国，不断制造事端。它得寸进尺，野心勃勃，妄图鲸吞我大好河山。九一八事变强占我东北三省之后，扬言要把侵略战火推向榆关，进而觊觎华北。后来在上海制造一·二八事件，就在中国地界内杀人放火。我国同胞，纷纷倒在血泊中，死伤遍地，惨不忍睹。国民党反动政府坚持内战，对外奴颜卑膝，一任日本帝国主义强横侵略，节节退让，叫嚷“攘外必先安内”，把祖国大好河山，拱手送给日本帝国主义，置民族存亡于不顾，顽固地坚持它的反动统治。对进步势力实行白色恐怖，对共产党进行五次大“围剿”。配合军事“围剿”，又掀起了反动的文化“围剿”。上海的文化“围剿”中，首当其冲的是大先生。反动派对大先生进行迫害的手段是十分恶毒的。他们对大先生进行人身攻击，禁止发表他的作品，妄图断绝他的生路，甚至恶毒诽谤造谣惑众，使尽鬼蜮伎俩，必欲置大先生和众多的爱国人士于死地而后快。

1930 年春，大先生被国民党反动派“通缉”，这是根据浙江省反动派“呈请”决定的。他们给大先生加上“堕落文人”等莫须有的罪名。这项反动“通缉令”直到大先生逝世也没有撤销。仅这一点，就可以想见当时的人民会感到怎样的悲愤了。1931 年 1 月柔石等革命战士被捕，反动报纸乘机造谣说，大先生也被逮捕，甚至说他已死了。1932 年一・二八事变，当时大先生一家住在北四川路底，正处于日寇的炮火下面。这是中国地界。时危人贱，住在中国地界的中国人，时时都有被杀害的危险，更何况谣言传来，大先生失踪了呢！太师母焦急万分，幸亏过了两三星期，接连收到大先生两封亲笔信，才使老人家稍为宽怀。但局势险恶，路途遥远，怎能完全解除老人家对爱子的悬念呢？11 月初太师母终于病倒了，延医服药，总不见效，而且病情日重，一度昏迷。迫不得已，才由宋紫佩先生急电告知大先生，很快就接到大先生“即归”的回电。大先生回来看望并侍奉一别三年的太师母。这一来，她老人家精神上得到极大的安慰，心情特别愉快，病体转危为安，不久病就好了。正如大先生说的，这是“母亲的病”。母子的心原是相通的。这次会晤，大先生和太师母谈得很多。太师母深明大义，能理解大先生在上海的困难处境和战斗事业。于是，当她自己大病初愈，老人家就同意大先生离京返沪。这次大先生在北京只住了半个月，临行前大先生与太师母约定，以后将与广平师母和海婴同来北京，住上一个时期。太师母盼望着一家团聚的日子早日到来。可太师母和大先生谁也没料到这一次的分别，竟是她们母子的永别。而且是大先生先逝世，母亲为最心爱的儿子送丧，人间惨事，莫此为甚。大先生逝世的噩耗传来，太师母只是埋怨自己寿限太长，说如果早几年死了，就什么也不知道了，可见她老人家内心痛苦之深。但太师母毕竟是位性格坚强的有见识的老人，经多方劝慰，终于能勇敢地正视严峻的现实。老人家从报刊上看到人们对大先生的崇敬和爱戴，看到人们对大先生的成就的称颂、赞扬，看到……精神上得到莫大的安慰。老人家顽强地控制着自己的感情，终于经受住她一生中这次最严重的灾难性的打击。这是后话。

再说，这次大先生离京不久，又传来了谣言，说大先生在途中被捕。好在很快即收到大先生平安抵沪的来信，太师母才放下心来。1933 年 6 月 18 日，国民党反动派暗杀了人权保障大同盟执行委员杨杏佛先生，太师母从报上得知这消息，震惊，惋惜，气愤，同时更为大先生的安全担忧。1934 年至 1935 年，大先生一家一直在严重的白色恐怖下度日，加之大先生身体日见虚弱，太师母愈加为大先生的安全和健康日夜悬心。

太师母和大先生母子间的感情十分深厚。太师母对广平师母和海婴也很关心，每次写信都问到她们。特别是从 1934 年 8 月起，海婴每听到大先生给太师母写信，他总吵着自己也要给娘娘（祖母）“写”信。他不会写字，由他口述，广平师母代写，他的话里夹着上海话，大先生就加以注释。从此海婴由广平师母和大先生帮助，也和太师母通信了。太师母和大先生之间的通信，又增加了新的内容。太师母十分喜爱这个孙儿，大先生的信里如果附有他的信，太师母叫我代笔给大先生写回信时，一定叫我也代她给海婴写回信。给海婴的复信，太师母也要听我念草稿，提意见，誊清后还要亲自过目，从不含糊。

这是 1930 年 3 月初的事。一个星期天上午，我和三妹去西三条（现在北京的鲁迅故居）看望太师母、大师母（即朱夫人）两位老人。她们婆媳俩是看着我们长大的，对待我们亲如自家人。我们每次去，都受到她们亲切热情的招待。那一天，太师母和我们谈起大先生、广平师母和海婴，谈着谈着，话题转到叫我代她老人家给大先生写信上去了。我起先有些为难，因为我从来没有替母亲给儿子写过信，何况这信是写给大先生的，写不好，怕他笑话我。但太师母既点名叫我写，我没有理由推辞，否则她老人家要不高兴的。我问太师母：信上怎么称呼？信后怎么署名？信里写些什么？太师母告诉我：称呼“豫才”，署名“母字”，以及要写的几件事。第一封信的内容至今我还有些印象。首先是写许羡苏姐姐离京去大名府教书的消息，再写家里的情况：说大先生离开后，现在许羡苏也离开了，很显得冷清，幸亏有老二、老三（太师母一向是这样称呼我和三妹的）常来谈谈，她们现在长大了，很能帮助家里办些事情。信里还谈到太师母自己的生活，如看书、看报，从报上也能知道些外面的情况。又谈到老人家自己的健康情况，虽然体力不如以前，但无病无灾总算是好的，叫大先生不要挂念。下面是要大先生多多注意身体，广平师母产后（因为是难产）要继续注意调养，海婴牛痘发得好，是好事情，但今后一段时间应注意他的饮食、冷暖等等。我开始有些顾虑，怕写不好，后来硬着头皮写，总算写下来了。记得这封信写得很长，因为太师母要向大先生讲的事情很多，我尽量按照她老人家说话的口气写。信末写“母字”后，我自作主张加上:（俞芳代笔）。信稿写好，我慢慢念给太师母听。虽然太师母当时已是七十四岁高龄，听觉却很好，思维也灵敏。她听到不合适的地方，就提出意见，叫我修改。我边念边改，改到她老人家满意为止。然后誊清，请她过目，老人家看到“俞芳代笔”四字，表示满意，并加称赞。最后由我付邮。

约莫过了两个星期，我去西三条，太师母看到我，第一句话就是：大先生的回信来了。老人家当即把信拿给我看。大先生写给太师母的信，字迹十分工整，口气非常恭敬。信的开头是：“母亲大人膝下，敬禀者”。信里他把自称的“男”字，写在右上角，特意写得小一些。称太师母为“大人”，前面空出一格。常用“乞”字表达“请”字的意思。信末写“恭请金安”。署名是“男树叩上”“广平及海婴同叩”△月△日。信上对太师母的饮食起居，关怀备至。对海婴的生活状况叙述详细生动。太师母对大先生的来信视若珍宝，老人家看信比我仔细，理解比我深得多，常能从字里行间揣出细微的深意来。后来信慢慢积多了，老人家把信存放在床头枕边，一空下来就翻出来一封封地看，寄托思念之情。那天太师母很兴奋地对我说：这是她老人家和大先生第一次直接通信；由于过去别人代写的信，都是以写者署名的，因此大先生的回信，也是写给他们的。关于太师母的事，只在他们的信里附上几句，由他们转告，这样，老人家总觉得自己和儿子隔了一层。现在好了，太师母说，我可以把自己要说的话全说出来，就好像他在我身边听我讲话一样……我觉得太师母那天特别高兴，我也分享了一份。于是我马上替她老人家写回信。就这样几次写信之后，我发现太师母对大先生、广平师母和海婴有特殊的感情，她老人家多么希望能看看海婴啊！因为他是大先生唯一的孩子。老人家曾和我说，大先生 1929 年回家告诉她老人家：害马（广平师母）对他十分体贴，做事很能干，两人脾气合得来。……太师母又说：过去大先生一个人在外边，自己总放心不下，现在有害马照顾，就放心了。每当太师母收到大先生寄来海婴的或上海全家的照片，太师母总是爱不释手，反复端详，最后得出结论：海婴这孩子很像大先生小时候的样子。大先生很懂得太师母的心理，知道老人家特别喜爱这个未见过面的孙子，加之海婴还在生长时期，面貌、体态会随着时间起很大变化，所以大先生每年都多次给太师母邮寄海婴或全家的照片。她老人家每次看到孙子的照片，总有说不出的高兴。从这些照片上，老人家得到无上的安慰。

1930 年 3 月至 12 月底，大先生寄给太师母十一封信，大先生收到太师母十二封信。

大先生在 4 月 11 日以海婴照片寄赠太师母，12 月 18 日又以海婴照片寄赠太师母。

其他托人带交的信件、食品、用品等不计在内。

1931 年 1 月，太师母从小报上看到大先生被捕的消息，心里非常焦急，她知道在这种情况下不便多写信，信里也不宜多谈，因为不知底细，反会给大先生增添麻烦。太师母一生的经历，走过的坎坷道路，加上她坚强的性格，从大先生那里学得的对敌斗争的经验，使她老人家虽然焦灼不安，但仍能耐心、镇静地等待着确实的消息。熬过了几个不眠之夜，直到 2 月初收到大先生的亲笔信。这是一封辟谣的信。书报平安，并乞太师母今后不要轻信谣言。太师母阅后释怀，马上写了回信。

6 月，太师母收到大先生从上海寄来的八箱书，这给太师母带来极大的喜悦和希望。她老人家认为这是大先生一家将搬回北京的先兆，因为大先生曾对太师母说过，以后要到北京住一个时期，利用北京图书馆的书籍，编写《中国字体变迁史》及《中国文学史》……老人家想到海婴绕着膝边转，听娘娘讲故事的"天伦之乐"即将实现时，真有说不出的喜悦。老人家有时和我商量，他们回来时，将买些什么东西送给害马和海婴做见面礼，还想着给不到两周岁的孙子海婴买些什么玩具，给他买些什么吃的、穿的，心里的高兴啊，简直无法用言语形容。

1931 年大先生寄给太师母十三封信，大先生收到太师母八封信（估计 3 月、6 月、11 月曾遗失过太师母寄给大先生的二至三封信）。

5 月 30 日大先生寄书八箱到京寓。

4 月 3 日大先生寄火腿一只送给太师母，9 月 7 日又寄火腿一只。

6 月 5 日大先生托宋紫佩先生转交海婴的照片给太师母，8 月 11 日又寄海婴照片。

其他托人带的书信物品不计在内。

1932 年是多事的一年。大先生的大学院编辑费停发了。此后经济来源只靠稿费和版税，顿感拮据。上海一·二八事变发生，太师母十分记挂大先生、三先生两家人的安全。根据当时报载，北四川路已成战场，这一带难民载道，扶老携幼，无家可归，惨不忍睹。……太师母这次确是急得吃不下饭，睡不好觉。接着又传闻大先生“失踪”的消息，老人家越加焦急了。我们安慰太师母，她老人家说：“这是真刀真枪啊，日本人的枪弹是不生眼睛的，怎么能保得住他们不出意外呢？”幸亏大先生及时接连来了两封信，告知太师母两家人都安全，只是损失了些东西。海婴在逃难中染上疹子，大先生来信中说：“海婴疹子见点之前一天，尚在街上吹了半天风，但次日却发得很好，移至旅馆，又值下雪而大冷，亦并无妨碍，至十八夜，热已退净，遂一同回寓。现在胃口很好，人亦活泼，而更加顽皮。……”太师母的回信说：这次事变，规模很大，遍及上海，影响全国。中国地界的中国人，家破人亡，为数颇多；损失巨大，无法统计。你等家在火线下，两家人都安全，实属万幸，损失些许东西物品，算不了什么，以后慢慢添置好了。关于海婴出疹子事，太师母却十分挂心，真是千叮咛万嘱咐，说：孩子出疹子是一生中的大事，调养得好，许多顽疾可以带出、断根；调养不好，易生病症，会影响发育和毕生的健康，一定要让孩子得到好好调养，大人要多陪伴，不使他感到寂寞，要使他愉快地度过一个多月。并说这不是娇宠，是为了孩子将来的健康。……太师母恨不得把自己育儿的经验，全部传授给大先生和广平师母。

这年 11 月太师母病重，大先生接到电报即动身回北京探望。13 日下午二时半抵京，三时到家。太师母见到大先生远路赶来探望，精神上得到很大安慰，再加上医治、服药，病体日见痊愈。

大先生来到北京，“正人君子”们惶惶不安，而青年学生却非常兴奋，热烈欢迎。这次大先生在北京，只住了十五天，忙得很：他侍奉太师母，为之延医诊治，进言珍摄之道；拜访旧友，参加旧友们为他洗尘、送别等等宴会，接待进步青年及来访者；秘密参加北方“左联”的文化团体和社团的有关活动；整理旧书和拓片；写信；到学校讲演。著名的“北平五讲”，就是在这期间讲的。11 月 27 日下午在北师大讲演，那一天上午我在太师母房里和大先生说：“大先生，过去你到大学讲演，那时我还小，听不懂，不能去。今天你到我们学校讲演，我一定要去听了。好不好？”大先生微笑着表示同意。其实，这次是公开讲演，即使不是北师大学生，也可以去听，何况我是本校的学生呢。后来想想我这个请求实在是多余的，但太师母却把我和大先生的这几句对话记在心上了。事后太师母告诉我：“那天大先生讲演回来，我问他：‘老二来听了吗？’大先生说：‘总来了吧，可是我没有见到她，因为听讲的人太多。’”我听了太师母的话，心里想，太师母没估计到大先生对青年学生的吸引力，听众达几千人的讲演场面，叫大先生怎么能看见我这个普通听众呢！我又想，她老人家如果知道大先生在青年学生心目中的地位，一定不会问出这句可笑的话来的。

大先生到上海后，生怕太师母焦急，又记挂着太师母的健康恢复情况，很快就写信来问候了。当太师母叫我写回信时，我试探着问：“大先生有没有笑话我信写得不好？”太师母说：“没有。大先生是看着你长大的，他怎么会笑话你呢？”又说：“大先生说你写的信很清楚。”我说：“这是太师母教我的。”太师母又说：“他常说他离开北京几年，你们长大多了。”

1932 年大先生收到太师母二十五封信，其中 1 月、3 月各遗失一至二封。大先生寄给太师母二十一封信。

11 月 25 日，大先生在北京新书店买《花列传》一部，共四本，送给太师母。

5 月 13 日，9 月 24 日大先生两次以海婴照片寄赠太师母。

10 月 18 日，大先生收到太师母寄赠的羊皮袍料一件。

此外太师母与大先生间托人带交物品和食物等等，不计在内。

1933 年 1 月，大先生参加中国民权保障同盟会，并当选为执行委员之一。民权会对国民党的压迫，帝国主义的暴行，多次和进步文化界一起发表宣言，提出抗议，营救被捕的革命者并接济他们的家属。因而被国民党反动派视为眼中钉。同年 6 月 18 日，民权保障同盟的执行委员兼秘书长杨杏佛先生惨遭国民党特务暗杀，反动派还放出要杀害鲁迅先生等进步人士的恐怖空气。在这白色恐怖的严重威胁下，大先生不顾个人安危，毅然参加杨杏佛先生的送殓。而且离家时不带钥匙，以示“无怖于死”。送殓回来，成诗一首，题为《悼杨铨》：“岂有豪情似旧时，花开花落两由之。何期泪洒江南雨，又为斯民哭健儿。”充分表现了大先生大义凛然的大无畏精神。

这一年大先生的收入比以前减少很多，经济上更加拮据了。大学院每月三百元编辑费，虽自上一年停发，过去尚有些积蓄；但经过一·二八事件家中的损失，大先生回北京探望太师母病，海婴发疹子后的营养开支，广平师母和大先生医治疾病，外加对友人、进步青年的资助，积蓄渐尽。经济来源只靠卖文为生，而在白色恐怖下，大先生的文章很难公开发表，使得他不得不屡改笔名，还须请人代抄。就是这样，也仍常被检查者抽去，甚或删改，删得不成样子。于是只好紧缩开支，过着艰苦的生活。在精神上，大先生也时时感到处境的艰难，这在7月11日他写给太师母的信上，可以看出一二。信中写道：

……家中既可没有问题，甚好，其实以现在生活之艰难，家中历来之生活法，也还要算是中上，倘还不能相谅，大惊小怪，那真是使人为难了。现既特雇一人，专门服侍，就这样试试再看罢。（这里指的是当时朱夫人有病，但不太严重，她去看病，医生诊断是“更年期”的疾病，右手抬不起，是“五十肩”。这里谈到生活虽是艰难，但家中的生活还算中上，倘大惊小怪，那真叫人为难了的话，全指朱夫人——俞注）男一切如常，但因平日多讲话，毫不客气，所以怀恨者颇多，现在不大走出外面去，只在寓里看看书，但也仍做文章，因为这是吃饭所必需，无法停止也，然而因此又会遇到危险，真是无法可想。（这段谈到他的处境艰难，为了生活，不得不写文章，写文章又会遇到危险。这矛盾无法解决。——俞注）

太师母看了这信，深有感触。老人家对我说：“你们大先生负担确实太重，处境艰难。他自幼为人忠厚，是非分明。对朋友，心地善良，有义气，但对不正派的人，不留情面。”太师母看了这封信的前半段，从心底里感到难过。只是后面谈及海婴活泼、聪明的情景才使老人家稍为开怀些。

我还记得大先生有一次来信，谈到绍兴老家远房长辈心梅叔曾写信给他，提起要修祖坟事。太师母收到这封信，写信告知大先生，认为修祖坟的这笔钱，应由大先生等三兄弟合理分担。大先生回信说：“……心梅叔有信寄老三（周建人，即三先生），云修坟已经动工，细账等完工后再寄。此项经费，已由男预先寄去五十元，大约已所差无几，请大人不必再向八道湾（周作人的寓所）提起，免得因为一点小事，或至于淘气也。……”太师母看到这信十分感动，称赞大先生体谅老人，处处为别人着想，他经济很紧，但情愿自己节省，也不愿使母亲淘气，他为母亲想得多么周到呵。

这一年里大先生收到太师母三十一封信，大先生寄给太师母二十三封信。

1 月 13 日大先生托川岛先生带《啼笑因缘》一部给太师母。

2 月 8 日、4 月 7 日、11 月 23 日太师母先后寄食物三包给大先生（大先生每次都分一半给三先生）。

3 月 19 日太师母为了弥补大先生的经济困难，把从自己的零用钱中节省下来的五十元，寄给大先生。

9 月 17 日大先生将海婴的照片寄给太师母。

11 月 24 日大先生寄火腿一只送给太师母。

其他托人带的食品等物不计在内。

1934 年海婴五周岁，太师母在冬天送给他一件外套，表示老人家对海婴深沉喜爱之情。这件大衣是太师母叫我到东安市场去买的。海婴的近照我是多次看过的，但外套的尺寸我却不知道。应该买多大的呢？从照片上看不出，太师母也说不出。我想店员也许知道，于是告诉店员，要买五周岁男孩子穿的大衣。店员拿出好几件由我挑选，我选了一件我认为最好看的大衣。太师母看了也很中意，称赞我会买东西。将大衣寄到上海，大先生的回信来了，信里这样写着：

……来信并小包两个，均于昨日下午收到。这许多东西，海婴高兴得很，他奇怪道：娘娘怎么会认识我的呢？……

给海婴的外套，此刻刚刚可穿，内衬绒线衣及背心各一件；冬天衬衣一多，即太小，但明年春天还可以穿的。他的身材好像比较的高大，昨天量了一量，足有三尺了，而且是上海旧尺，倘是北京尺，就有三尺三寸。不知道底细的人，都猜他是七岁。

男因发热，躺了七八天，医生也看不出什么毛病，现在好起来了。大约是疲劳之故，和在北京与章士钊闹的时候的病一样的。卖文为活，和别的职业不同，工作的时间总不能每天一定，闲起来整天玩，一忙就夜里也不能多睡觉，而且就是不写的时候，也不免在想想，很容易疲劳的。此后也很想少做点事情，不过已有这样的一个局面，恐怕也不容易收缩，正如既是新台门周家，就必须撑这样的空场面相同。……

大先生给太师母的另一封信上也写着他自己的病和海婴的外套："……男这回生了二十多天病，算是长的，但现在已经好起来了，胃口渐开，精神也恢复了不少，服药亦停止，可请勿念。害马也好的，海婴很好……""他现在整天地玩，从早上到睡觉，没有休息，但比以前听话。外套稍小，到明年春天还可以穿一回，以后当给与老三的孩子，他们目下还用不着，大的穿起来太小，小的穿又太大……”

大先生这两封信，都谈到这外套稍小，可是太师母不但不埋怨我买得不好，反而说：这件外套，两房的孩子都能穿到，太好了。

从这两封信上看，大先生身体不好，常生病，前些时候的信也提到发胃痛病等等。太师母非常挂念，写回信时千叮万嘱叫大先生不可大意，要尽快医病服药，工作要减少，多多休息调养；收入少，收缩开支，节省着过日子，切莫累坏了身体。太师母很希望大先生一家回北京来，她说：换个地方，身体可以养好些。但老人家从没想到大先生的病已非常严重，因为1932年冬，太师母看到大先生的身体是很健康的。身体垮得这样快，老人家怎么料得到呢？

太师母对大先生在信上提到海婴的地方特别感兴趣。太师母想到，海婴已经五足岁了，他的照片，大先生是常寄来的，而老人家自己的照片却没寄给他们过，海婴和三先生的孩子都没见过自己，于是把长孙周丰一在1933年4月间，给她老人家拍的那张坐在藤椅上的单人全身照片拿出来（这张照片神态自然，大家都说好），托人加印了两张，寄给大先生、三先生各一张，让在上海的孙儿孙女们看看娘娘的模样。大先生很珍惜太师母的照片，他写信给太师母说："……这张相照得很好，看起来，与男前年回家的时候，模样并无什么不同，不胜欣慰。海婴已看过，他总算第一回认识娘娘了。……"另一封信上写着"……母亲寄给我们的照相，现已配好镜框，挂在房中，和三（'三'字应为'两'——俞注）年前见面的时候，并不两样，而且样子很自然，要算照得最好的了。……男病已愈，胃口亦渐开，广平亦好，请勿念为要。"太师母看了这几封信，十分高兴。

大先生对太师母的健康情况一向很关心，这一年太师母发过胃病，患过牙痛，大先生来信中，经常问及太师母患的胃病、牙痛有否痊愈，请老人家及时延医服药，好好调养。对于牙痛，大先生是主张拔去，装义齿的。

8 月 11 日起，大先生给太师母的信中有时附有海婴给太师母的信，信是海婴说，广平师母记（其中夹几句上海话），由大先生注解，他说的与事实不符的地方，大先生加以纠正并说明。太师母对海婴的信非常重视，做到有信必复。并且觉得海婴聪明、有趣。从此，未见过面的祖孙两人，借着广平师母和大先生之助，就通起信来了。从大先生的来信中知道，遇到大先生在夜里写信，海婴赶不上班；如白天写信，海婴是一定要吵着给娘娘“写”信的。

1934年，大先生寄给太师母二十三封信。大先生收到太师母二十七封信。

在来往的五十封信中，大先生有几封信隐隐约约谈到自己的身体没有以前好，如在4月中旬发出的信中：“……害马安好，男亦安，惟近日胃中略痛，此系老病，服药数天即愈。乞勿远念为要。……”在4月下旬发出的信中有：“……男胃病先前虽不常发，但偶尔作痛的时候，一年中也或有的，不过这回时日较长，经服药约一礼拜后，已渐痊愈，医言只要再服三日，便可停药矣，请勿念为要。……”在5月4日发出的信上有：“……男胃病现已医好，但还在服药，医生言因吸烟太多之故，现拟逐渐少，至每日只吸十支，唯不知能否做到耳。……”又如在5月下旬发出的信中：“……胃痛大约很与香烟有关，医生说亦如此，但减少颇不容易，拟逐渐试办，且已改吸较好之烟卷矣。至于痛，则早已痊愈，停药已有两星期之久了，请勿念。……”

尽管大先生信写得较为含蓄，但瞒不过太师母。她是位有文化很敏锐的老人，每次看信都非常仔细，老人家经常为大先生的健康担心，特别是接到大先生7月底发出的那封信，看了其中“……男因在风中睡熟，生了两天小伤风，现已痊愈”一段，老人心疼得很，说：“他身体已很虚弱，怎能经得住在风中睡熟呢？人睡熟时汗毛孔是开着的；吹风着凉，就要发病的。”太师母看到大先生8月12日发出的信：“……今年我们本想在夏初来看母亲，后来因为男走不开，广平又不愿男独自留在上海，牵牵扯扯，只好中止了。但将来我们总想找机会北上一次。……”太师母说：“他们来，一行三人，行动不便，还是我去上海好，我到上海可以看到老大、老三两家人。”

此外，大先生在2月5日收到太师母寄去的白菜干一包共八绞。2月15日收到太师母寄去的糟鸡一盒，玩具九件。4月28日收到太师母托宋紫佩先生带去的蘑菇一包，《世界画报》两本。11月17日收到太师母送给海婴的外套一件，蘑菇、小米、果脯、茯苓饼若干。10月29日收到太师母的照片一帧。

大先生在5月16日寄给太师母《金粉世家》一部共十二本，《美人恩》共三本。8月2日以海婴照片一张寄给太师母。8月23日以小说五种寄给太师母。

其他托人带交的物品，不计在内。

1935年6月底，我离开北京，辞别太师母和大师母，到杭州工作，所以这一年我代太师母写信，只有半年。

在这六个月里，大先生寄给太师母的信很少。这更促使太师母想念他们，从1月份起老人家就想着到上海住上一阵，看看大先生、三先生两家人，特别是孙儿、孙女们。这些孩子，到现在为止，还没有看见过他们的娘娘呢，太师母心里多么惦记他们啊！老人家的心，似乎已经飞往上海去了：经常想着送他们什么见面礼，怎样帮助广平师母把大先生的身体调理好，讲些什么故事给孙儿、孙女们听，把他们的注意力引到他们的娘娘这边来，使得大先生和三先生有时间工作，使广平师母和三师母能腾出手来照顾大先生、三先生。想着，想着，想到现实问题上去了：想到自己已是七十九岁的人，在家里生活起居都要人照顾，出远门总得有人陪送，到上海也得有保姆照顾。潘妈照顾她老人家已十多年，很贴心，她老人家想把潘妈带去。潘妈是满族人，寡妇，无儿无女，无牵无挂，她也愿意跟着太师母去上海的。但是，潘妈没出过远门。1935年暑假，我大学毕业，我父亲也要我回家乡看看。有一天我和太师母闲谈，得知太师母因没有合适的人送她老人家到上海而发愁。我说："暑假里我要回家乡去看父亲和继母，我送您老人家去上海好不好？"太师母当然高兴。她老人家叫我代写信给大先生，问他太师母到上海由我送去好不好？又问他，有人送要不要再带潘妈？大先生在 3 月 1 日先后发出两封信，第一封认为由我伴送到上海，那是再好不过的了，等等。第二封信劝太师母不要带潘妈，因为南北言语、习惯不同，潘妈到上海，未必能发挥作用。……太师母的心安下来了，等着暑假由我陪伴到上海去。老人家知道上海的孙儿、孙女们都喜欢吃她老人家亲手制作的甜干菜。北京的白菜好，她开始做甜干菜了，白天晒，晚上烘、焙，真够辛苦的。老人家当时已是七十九岁的高龄，但她是一位不服老、不肯空闲的老人，况且她想着，这是要带给上海的孙儿、孙女们吃的，她们喜欢吃，她自己累点又何妨。此外太师母还亲手晒发芽豆，整天忙个不停，精神十分愉快，一心一意只等暑假到来。不巧，不久太师母的胃病发作了，病的时间比较长，医生叫她不要出远门，不可过于劳累，她只好暂时不去上海了，做好的干菜等食物由邮寄到上海。大先生的回信写着："……小包一个，亦于前日收到，当即分出一半，送与老三。其中的干菜，非常好吃，孩子们都很爱吃，因为他们是从来没有吃过这种干菜的。大人的胃病，近来不知如何，万乞千万小心调养为要。……"

1935 年 1 月至 6 月半年时间，大先生给太师母写了六封信，大先生收到太师母十一封信。

大先生在 1 月 15 日收到太师母寄去的食物一包。3 月 27 日收到太师母寄去的邮包一个，内有干菜、芽豆、刀、镊、顶针等物。4 月 5 日收到大师母寄去的食品一包。

大先生在 1 月 9 日以海婴照片寄给太师母。

此外，双方托便人带交的食品等等，不计在内。

暑假到了，我离北京前，到西三条向太师母、大师母辞行。十二年来，我备受太师母、大先生、大师母的关怀教育。老人家在精神上鼓励我，在物质上资助我，在生活上无微不至地爱抚我，这一切真是说不尽的。一旦分离，特别是不能伴送太师母去上海，心里真有说不出的难过。我决定工作后积些钱，待到明后年暑假再回北京探望老人家。可后来因为我要负担部分家用，钱没积起来，暑假未去成，我失信了。当时我的三妹还留在北京读书，太师母的外甥阮和森先生一家就住在隔壁，老人家还是有人照顾的。我工作后，还常写信给太师母。问候她老人家的饮食起居、健康情况，表示自己对她老人家的思念之情，更多的是汇报我在南方的工作、学习、生活等情况。抗战开始，南北音信断绝，从此失去联系。我万万没想到，1935年暑假和太师母、大师母一别，竟成永诀，至今想起，心里仍非常难过。但这是永远无法挽回的。

写到这里，我思绪万端，心潮难平。1935年暑假，我没有陪送太师母到上海，现在想起来还感到内疚。虽然，当时客观上是太师母病了，医生说：她年事已高，身体又弱，不宜远行，乘火车去上海，恐不相宜；但我常想：如果那时我劝太师母冒险和我一起到了上海，她老人家看到大先生、三先生两家人，祖孙三代团聚，太师母晚年的生活必然过得充实、热闹而富有生趣；大先生的身体，在太师母和广平师母的悉心照料下，寿命或可延长几年，果能如此，那对革命、对我国的思想文化将是怎样的幸运呵！然而……

我又想到：从他们母子的信件往还中，我深深体味到，大先生在上海，确是历尽了艰险和坎坷。晚年靠卖文为生，收入有限，他上有老母，下有妻儿，负担十分沉重。但是，他为革命呕心沥血，鞠躬尽瘁。面对反动派的白色恐怖，他横眉冷对，迎战顽敌，横扫千军，制敌死命，领导“左联”进行不妥协的反“文化围剿”斗争，取得了辉煌的战绩。他加入中国民权保障同盟，为杨杏佛先生送殓，对特务走狗的暗杀勾当，给以极大的蔑视……每当革命生死搏斗的关键时刻，他总是义无反顾，始终站在革命斗争的最前列。先生的这种高贵品德，给我留下了极为深刻的印象。

从代太师母写信的过程中，我还进一步了解到她老人家对大先生的喜爱。太师母常对我说：大先生自幼就能分担她老人家的忧愁。大先生比二先生只大四岁，但家庭的重担却全由大先生承担。太师母对大先生向旧势力做斗争的行动，不仅不加阻拦还给以支持、鼓励。他们母子间的信件，表面看，有些是问寒问暖，书报平安，似觉平常，其实，中间蕴含着多少母子深情和正义的支持呵。如有一次太师母患感冒，发热，我代太师母写信时，把这些情况写了上去。太师母看了，叫我把这段去掉。老人家说：我的病过几天会好的，老大在上海很忙，要他们为我担忧，妨碍工作，是不好的。再如大先生有一次来信谈到自己平日多说话，毫不客气，所以怀恨者颇多。我清楚地记得，太师母对这几句话的回答是："该说的话还是要说，不必留情面。"斩钉截铁，多么刚正可敬的老人呵！

太师母、大先生的感情深厚，相互间体贴关怀，微妙、细腻的母子深情，有许多是我这个代笔人的拙笔根本无法表达的。

每当想起这些事，我心里总感到沉重、惭愧，而却又是永远无法弥补的。

在太师母身边的日子里

看“毛儿戏”

在砖塔胡同时，太师母多次表示想看“毛儿戏”。什么是“毛儿戏”呢？据说这种戏，全是由女演员来演出的，那时年纪小，也不懂得，回想起来，大约就是现在的越剧的前身吧。我和三妹没有看过戏，但这“毛儿戏”经太师母一宣传，对我们的吸引力可大了，都希望能早点看到“毛儿戏”。

那是一个星期天，太师母叫大姐到戏院里定了一个包厢，她老人家邀大师母、许羡苏姐姐、大姐陪着，还带了我和三妹，一起去看戏。记得那天演的是《红楼梦》，太师母看得津津有味，大姐姐们也很有兴趣。我和三妹因为事前没看过《红楼梦》这部小说，只是平时在她们谈论中，东鳞西爪听她们讲过一点，故事并不太清楚；再说，唱戏和说话不同，所以，开始时有点莫名其妙。太师母看到我和三妹听不懂，就叫我们坐到她老人家身旁，一边看，一边讲给我们听。有了太师母讲解，我们看懂了，越看越感到有味。

那天看完了戏，太师母就住在砖塔胡同。许羡苏姐姐陪太师母回来，也住在我们屋里。晚饭后，许姐姐和我们三姐妹，到太师母屋里去玩，大先生也在。大家就谈论起当天看的戏来。太师母认为这个“毛儿戏”班演得好。可惜只演了两节：“黛玉葬花”和“黛玉焚稿”。我问太师母还有很多吗？太师母说，原书很长，哪里只有这一点！我异想天开地问，这本书我能看吗？不料，我这句问话，引得大姐姐们都笑了。大姐说我不知“天高地厚”。许姐姐却鼓励我：“试试看。”大先生则认为：《红楼梦》写的主要是大人的事，文字比较深。年纪小，初小程度的孩子，估计看不懂，没有兴趣，容易造成看书“半途而废”等坏习惯。他建议：还是等太师母有空时，请她老人家讲几段比较好。太师母点头表示同意。大先生的意见，小学生要看大部头小说，以先看《西游记》《三国演义》这类书为妥，这些书写得生动有趣，文字也浅近，容易看懂。大先生主张，我们当时要看小说，还是看《桃色的云》等儿童读物比较合适。我说：《桃色的云》我正在看，就是有些名字不懂。接下去就问大先生“土拨鼠”“蜥蜴”是什么？大先生耐心地给我作了解答，并说这是翻译的书，总不免讲些外国的风物、习俗。接着大先生慨叹中国儿童读物实在太少了，显出十分遗憾的神情。

游北海

记得是1930年以后的事，那时太师母已是七十多岁的高龄了，她老人家几次谈起，想到北海漪澜堂去玩；要我们陪她一起去。一个秋天的上午，在事前约好的时间，我和三妹在北海门口等着。等了好久，才看到太师母和大师母来了。我搀着太师母，三妹搀着大师母，我们一行四人，一面谈话，一面观赏着北海的秋色。不知不觉，就走到漪澜堂了。找到一张靠栏杆的桌子，请太师母、大师母坐下先喝茶，然后买点心，叫面。太师母吃东西的顺序，叫的点心，点的面，都和大先生在北京时请她老人家到漪澜堂时一样，谈话时也屡屡谈到大先生在北京时的情景。又谈到大先生、广平师母和海婴，说：这几天大先生的信该来了。我明白太师母很想念大先生。在这种场合下，我不忍把老人家的思念大先生的情绪引开，就尽量顺着太师母的心意办事。

吃过中饭，看到太师母有些疲倦的样子，我问太师母和大师母，想不想回家？因为太师母有午睡习惯。太师母说，既然出来了，就多玩一会儿；今天不午睡了，晚上早一点睡就是了，不要紧的。大师母当然同意太师母的意见。

后来我们的话题就转到了大姐身上。大姐在 1928 年暑假离开北京，在杭州一带当小学教师。从太师母的话里知道，在砖塔胡同时，大姐常常叫我们“小鬼头”，大先生听不惯，认为做姐姐的不应该这样称呼自己的妹妹。有一次，大姐吃过饭一个人到北屋去。大先生幽默地故意用同样的称呼问道：“两个‘小鬼头’睡了吗？”大姐说：“要大考了，她们在屋里复习功课呢。”她根本没有听出大先生话中的含义。太师母的话，引得我们大家都笑了。太师母还告诉我们一件事：那时大姐常向大先生诉说，自己的父亲如何如何不好，娶了后母，不按时寄钱来。她希望大先生帮助她想办法，向父亲施加点压力。大先生想了想说：“依我看，你父亲还算好的。至于娶后母，这是他的自由，你们要体谅。现在父母不能干涉子女的婚姻，子女当然也不应干涉父亲的婚姻。至于寄钱养子女，那要看他的经济状况，有些人，家里没有积蓄，把子女养到一定的年龄，就让他们独立谋生，这是完全可以的；何况他现在还一直寄钱来呢。”大姐听了，无话可说，以后就不再说这些话了。

我接下去说：有一次，学校要做手巾操，老师关照每个学生都要准备好两条白手巾，大姐就是不肯给我们买；后来还是您老人家送给我们四条白手巾，才解决了我们的难处。大姐做出来的有些事，真使人为难。

太师母最后说：“有些事，也不好完全责怪她，她毕竟还年轻。这也许是你们的父母亲当初太娇宠她了，才养成她强横任性的坏脾气。这样的脾气，是要吃亏的。以后碰几个钉子，也许会变好的。”谈着，谈着，不知不觉已经三点多了，我和三妹就赶快送她们两位老人回家。

这次游玩，大家尽兴而归。特别是太师母，虽已高龄，却显得格外高兴。

买　　书

太师母肚子里的故事很多，记忆力强，讲起来有声有色，引人入胜。这和她老人家看的小说多，口才又好有关。老人家看的小说，大先生在北京时，由大先生给她买；大先生在上海时也经常给她寄书来。有时，太师母自己还要到书店去买。过去是由大姐、许姐姐陪她，大姐姐们离京后，老人家就叫我陪着去买书。

太师母买书的次数虽不多，但给人们留下的印象却是很深的。当时像她这样的老太太，识字的就不多，更何况能看大部头小说，而且一次要买好几部呢？记得有一次我陪她老人家买书，当我扶着她老人家刚刚跨进书店，店员们马上就认出了她老人家，热情地起身向老人家招呼，问好："您老人家来啦，您老好啊！老太太的身体真健旺。这回您有好久没有来啦……"一面搬出椅子请太师母坐下歇歇，捧出茶来，请老人家喝茶，一面问要看什么书，态度十分殷勤。太师母年事虽高，但听觉很好，只是不完全懂北京话，更不会说北京话，只好笑着和他们点点头。她老人家和北方人说话，要由我来翻译。

太师母选书很内行，一本书拿到手，先看作者，看书名，再看看序言、目录和后记。我则到书架边挑书。有时店员也帮着挑选。他们推荐一些书，但往往大半她老人家已经有了。我请店员取出他们新出版的章回小说，他们都很惊奇，这位老太太能看这许多书。有的称赞说她老人家学问好，有的说她老福气好。太师母听了，很和蔼地对他们笑笑。在太师母选书的时候，往往会引起周围买书人的好奇，他们用尊敬而又不解的眼光看着老人。这时老人只管自己找书，不看周围的一切。每当这种时候，我心里总是涌现出一种敬佩和荣幸的感觉来。

封建婚姻的牺牲者

——鲁迅先生和朱夫人

朱夫人（1879—1947）是和大先生一起搬到砖塔胡同来的，我和三妹都跟着大姐姐们称呼她为大师母。大师母个子不高，身材瘦小；脸型狭长，脸色微黄，前额、颧骨均略突出，看上去似带几分病容。眼睛大小适中，但不大有神，而且有些下陷，梳发髻。脚缠得很小，步履缓慢不稳。她当时虽只有四十多岁（比大先生大两岁），可是穿着打扮比较老式，除夏天穿白夏布大襟短衣，下系黑色绸裙外，其他季节的衣服都是色泽较深较暗的，朴素整洁。从外形看，是旧式妇女的典型模样。平日少言寡语，少有笑容。虽没有什么架子，但因摸不透她的脾气，所以我们起初不敢和她接近。大师母操持家务是称职的，节俭持家，空下来就做做针线。她能炒一手道地的家乡菜。每当大先生有客人来，她总是以礼相待的，泡茶、烧点心，都很尽心；但有时因考虑不周，不够得体，落得吃力不讨好的情况也是有的。例如：初搬到砖塔胡同时，有一天大先生的学生常维钧来，那时天很热，扇着扇子还出汗，而她除泡了两杯热茶外，还送去两碗热气腾腾的藕粉当点心。客人接了点心，很尴尬，热上加热，怎么吃呢？大先生对常维钧摇摇头，苦笑着说："既然拿来了，就吃吧，无非是再出一身汗而已。"这件小事，给常维钧留下很深的印象。1978 年春天我到北京访问常老，他还和我谈到此事。诸如此类的事还有，这里就不一一细说了。

在年龄上，大师母比太师母小二十多岁，但太师母性格开朗，为人和蔼可亲，平易近人；有文化，爱学习，天天看报，思想跟得上时代潮流。大师母，不识字，似有自己已是中年，年纪也差不多了的想法，不想再学文化。思想保守，封建意识浓厚。因此，从思想上看，她比太师母衰老、落后，常给人以"未老先衰"的感觉。就以剪发这件事来说吧，她们婆媳两人，还是太师母剪发在先。太师母"现身说法"地告诉大师母剪发的好处，劝她剪发，她才剪去了发髻。每逢节假日，太师母的屋里常常宾客满座，热热闹闹；而大师母的屋里却是冷冷清清。她常独自坐着吸水烟，有时在厨房忙家务。

大师母晚上也和大家一样，到太师母房里坐坐，听太师母和大先生，还有大姐姐们讲话；但她很少说话，有时太师母问到她，她才说几句。但她的话，远不如太师母说的有趣。

大先生住在砖塔胡同时，遇到太师母来，他们三人同桌吃饭，太师母说说笑笑，一餐饭吃得热热闹闹。太师母回八道湾去时，大先生和大师母两人同桌吃饭，饭桌上谈话就很少。大师母如果开口，无非是问问菜的咸淡口味是否合适，大先生或点头，或答应一声，这类“是非法”的谈话，一句就“过门”，没有下文。然后他们两人静静地各自吃饭。

记得大先生出门有时带了点心回来，先送给太师母挑几块，再让大师母挑几块，大师母很斯文，总是拣小的、较差的两三块，很有“孔融让梨”的风度。然后大先生自己拿几块。大先生在日记上、书信上称她为“妇”“内子”“大太太”“太太”。大先生除供应大师母的全部生活费外，每月还给她零用钱十元。1932年11月后，因为大师母的身体常觉不适，要加强些营养，零用钱每月加到十五元（太师母的零用钱每月二十元，没有加过）。此外京寓家用钱每月一百元，全由大师母当家开支。账目一度（1930 年至 1935 年 6 月）由我登记，我每星期代她记一次账。大先生对大师母娘家朱宅是一直以礼相待的：他曾帮助大师母的弟弟朱可铭的儿子找工作，有时还寄钱资助朱宅。朱宅也常送些家乡土产给大先生。可见大先生承认大师母的家庭地位，在经济方面给予信任，保证她的物质生活，是尽了应尽的义务的。可就是没有感情。在砖塔胡同、西三条我所看到的，大先生和大师母之间除些必要事外，谈话很少。有一件事：我猜测这是大先生想的办法，把一只柳条箱的底和盖放在两处，箱底放在大先生的床下，里面放着大先生换下来的要洗涤的衣裤；箱盖放在大师母的屋门右手边，即桌式柜的左边，盖子翻过来，口朝上，里面放着大先生替换的干净衣裤；箱底、箱盖上面各盖着一块白布，外人是不易知道其中的奥妙的。这样，他们间说话的内容就更加少了。在砖塔胡同九个多月的时间里，我甚至连大先生、大师母之间当面如何称呼都不知道；后来也未曾知道。大概是没有称呼吧，背后他们是随着我们的称呼称对方的，如大师母称大先生为大先生；大先生称大师母为大师母或大太太，有时称太太。白天大先生上班或在家做自己的工作，大师母则在厨房料理饭菜，有时在自己屋里做针线或休息，或吸水烟，晚上则各到各的屋里睡觉。

我所看到的他们之间的关系，如此而已。这些情况正如大先生说的："这是母亲送给我的一件礼物，我只能好好地供养她。爱情是我所不知道的。"

下面是曹聚任遗作《我与鲁迅》中的一段文字，为了说明情况，我把它摘录如下：

……1919年，鲁迅曾接到过一位少年写来的一首新诗，题名《爱情》，里面有这样的诗句："我是一个可怜的中国人。爱情！我不知道你是什么。……我年十九，父母给我讨老婆。……可是这婚姻，是全凭别人主张，别人撮合：……仿佛两个牲口听着主人的命令：'咄！你们好好地住在一块儿罢！'"鲁迅看了说："对我颇有意义。"认为这是血的蒸气，醒过来的人的真声音。他写了一段随感录说："在女性一方面，本来也没有罪，现在是做了旧习惯的牺牲。我们既然自觉着人类的道德，良心上不肯犯他们少的老的的罪，又不能责备异性，也只好陪着做一世的牺牲者，完结了四千年的旧账。"

（摘自南京师范学院《文教资料简报》总第100

期，1980年4月)

大师母对大先生是很尊敬的。她佩服他的才能，很明显地表现出“自愧不如”的严重自卑感。两人的差距太大了，看上去她似乎也不想努力缩小“差距”，她只想尽全力照顾好大先生和太师母的生活。但看来，她对大先生是有感情的。大先生在砖塔胡同时，曾教我和三妹做体操，我们常常练习。有几次大先生不在家，大师母也和我们学着做。当时我不懂得她这么大年纪的人，为什么对我们小孩子做的体操会发生兴趣？说实话，我当时心里还有些好笑，我想她年纪老了，腰、腿都不灵活，再加上小脚，弯不下，跳不起，何苦来呢！后来才悟出，这是她对大先生尊敬和爱慕的一种表现。她认为大先生说的做的都是正确的，她在暗暗努力跟上大先生的步伐。

在砖塔胡同同住了一个时期，我们和大师母渐渐熟悉起来了。有一次，不知怎么一来，她和我谈起大先生，她把自己的心扉略略打开，向我说了几句心里话。她告诉我，大先生要搬离八道湾前，曾向她说：自己决定搬到砖塔胡同暂住，并问大师母的打算，留在八道湾，还是回绍兴朱家？又说如果回绍兴，他将按月寄钱供应她的生活。大师母接着对我说：“我想了一想回答他，八道湾我不能住，因为你搬出去，娘娘(太师母)迟早也要跟你去的，我独个人跟着叔婶侄儿侄女过，算什么呢？再说婶婶是日本人，话都听不懂，日子不好过呵。绍兴朱家我也不想去。你搬到砖塔胡同，横竖总要人替你烧饭、缝补、洗衣、扫地的，这些事我可以做，我想和你一起搬出去。……就这样，大先生带我来了。”从她处理这件事来说，我发现她不简单，她并不是我一向认为的那样无知、无识、无忧、无虑的大师母，而是很有主见的人。后来我大了，每想到这件事，总觉得这对大先生来说，实在是很苦恼的。当时大师母的唯一希望是拽着大先生，和她一起做封建婚姻的牺牲者。但又想想，从大师母的角度说，这种想法是很自然的，从她的思想水平出发，不可能觉悟到这样做，是甘心成为封建婚姻的牺牲者，实际上既害自己又害了大先生。她也无法认识到一个人除物质生活外，还需要精神生活；而在大先生则是需要精神生活更胜于物质生活。这是历史铸成的悲剧，也很难责怪哪一方。

和大师母相处熟了，我发现她为人是很善良的。记得在砖塔胡同，有一天我和大姐闹僵了，大姐压不服我，居然不让我进屋睡觉。夜深了，大师母走过来调解，劝大姐先让我睡觉，而大姐就是不转弯，我也不让步，最后还是大师母想出办法，叫我那晚和她一起睡。到她床上，我满腹委屈，哭了。她劝我说：明天还要上学，不要哭了；又提醒我，大先生还在写文章，不要吵他。我当时也真感到有些累，不久睡着了；第二天按时上学去。这件事过了一夜，大家似乎都已忘记，可我一直记着，待太师母来时，我告诉她老人家。太师母说这是大先生叫大师母出面来劝解的，我多么感激大先生和大师母呵！

我还记得有好几次大师母叫我和三妹不要吵大先生，有时甚至是恳求我们：大先生回来时，你们不要吵他，让他安安静静写文章。我想：大师母是关怀大先生的。

在砖塔胡同大先生病时，吃不下饭，只能吃粥。大师母每次烧粥前，先把米弄碎，烧成容易消化的粥糊，并托大姐到稻香村等有名的食品商店去买糟鸡、熟火腿、肉松等大先生平时喜欢吃的菜，给大先生下粥，使之开胃。她自己却不吃这些好菜。大师母对大先生生活上的照顾是无微不至的。

有一年冬天，很冷，太师母叫大师母给大先生做了一条新棉裤，放在大先生的床上，大先生没有穿。后来太师母托先生的学生孙伏园劝大先生穿新棉裤，免得冻着，结果还是无效。这件事大师母是尽了心的，只是她的劳动没有收效。我想在这种场合下，大师母是很难过的。

大先生和广平师母在上海定居以后，大先生寄来了照片，太师母给我们看，并告诉了我们这个喜讯。我虽有些意外，但很高兴。我偷眼看看大师母，她并没有不愉快的表情。有一天，太师母在午睡，我和大师母站在北屋的台阶上谈起这事。我说："大先生和许广平姐姐结婚，我倒想不到。"大师母说："我是早想到了的。""为什么？"我好奇地问。"你看他们两人一起出去……""那你以后怎么办呢？"不料这一句话触动了她的心，她很激动又很失望地对我说；"过去大先生和我不好，我想好好地服侍他，一切顺着他，将来总会好的。"她又给我打了一个比方说："我好比是一只蜗牛，从墙底一点一点往上爬，爬得虽慢，总有一天会爬到墙顶的。可是现在我没有办法了，我没有力气爬了。我待他再好，也是无用。"她说这些话时，神情十分沮丧。她接着说："看来我这一辈子只好服侍娘娘（太师母）一个人了，万一娘娘'归了西天'，从大先生一向的为人看，我以后的生活他是会管的。"我听她说这番话，很有些意外，我想不到大师母会对我说这些话。她的比喻给我的印象很深，以致使我感到，好像真有一只蜗牛落地跌伤了。我久久地看着大师母，但一时想不出一句合适的话来安慰她。我暗暗责怪自己，不该在大师母面前谈起这事，使她伤心。过了一会，她看我没有说话，嘱咐我："我也是随便说说的，你不要把话讲出去。"我说："大师母，你放心，我不是多嘴多舌的人；你是看着我长大的。"我似乎在向她发誓。"是的，是的，我相信你口紧，才和你说的。"大师母一本正经地回答。

这时我看看身旁站着的大师母，这位心地善良的旧式妇女，她是三从四德的封建礼教的牺牲者。可悲的是她一直没有觉悟到这一点。

记得太师母也曾和我谈起过大先生和大师母的关系问题。老人家说："当时我为大先生订了亲，事后才告诉大先生。他当时虽有些勉强，但认为我既作了主，就没有坚决反对，也许他信任我，认为我给他找的人，总不会错的。后来得知对方(朱安女士)是缠脚的，大先生不喜欢小脚女人，但他认为这是旧社会造成的，并不以小脚为辞，拒绝这门婚事，只是从日本写信回来，叫家里通知她放脚。倒是朱家以女儿年纪大了，一再托媒人来催，希望尽快办理婚事。因为他们听到外面有些不三不四的谣言，说大先生已娶了日本老婆，生了孩子。……"太师母又说："我实在被缠不过，只得托人打电报给大先生，骗他说我病了，叫他速归。大先生果然回来了，我向他说明原因，他倒也不见怪，同意结婚。结婚那天，花轿进门，掀开轿帘，从轿里掉出来一只新娘的鞋子。因为她脚小，娘家替她穿了一双较大的绣花鞋，脚小鞋大，人又矮小，坐在轿里，‘上不着天，下不着地’，鞋子就掉下来了。”太师母接着说：“当时有些老人说这是‘不吉利’的，我倒也不相信这些话，但愿这门亲事顺利。婚后没几天，大先生又回日本去读书。一别三年，大先生学满回来，在杭州教书。不知为什么，他们总是好不起来。他们既不吵嘴，也不打架，平时不多说话，但没有感情，两人各归各，不像夫妻。”老人家接着说：“我曾问过大先生，她有什么不好？他只摇摇头说，和她谈不来。问他怎么谈不来？他说和她谈话没味道，有时她还自作聪明。他举了一个例子说：‘有一次，我告诉她，日本有一种东西很好吃，她说是的，是的，她也吃过的。其实这种东西不但绍兴没有，就是全中国也没有，她怎么能吃到？这样，谈不下去了。谈话不是对手，没趣味，不如不谈。……’就这样过了十几年，他们两人好像越来越疏远，精神上都很痛苦。看着他们这样，我也很苦恼，所以二先生、三先生的婚事，我就不管了。太师母言下之意，对主持这门亲事很有些后悔，但是挽回或改变这个局面，她自己已经无能为力。

当时大先生的朋友、学生们都是经过五四运动洗礼的，大多思想进步，特别是孙伏园、章川岛、常维钧等人，思想都很解放。他们都曾劝过大先生，有的直言不讳地说："既然没有感情，就送她回娘家，负担她的生活费，这是很客气也很合理的办法，何必为此苦恼着自己，和她一起做封建婚姻的牺牲品呢?"而大先生则考虑得更多些，他总是为大师母设身处地地考虑：绍兴习俗，一个嫁出去的女人，如果退回娘家，人们就认为这是被夫家"休"回去的，那时家人的歧视，舆论的谴责，将无情地向她袭来，从此她的处境将不堪设想；还有她家庭的社会地位，也将一落千丈。性格软弱的女人，一般说是挡不住这种遭遇的，有的竟会自杀，了此一生。大先生从不欺侍弱小，遇事总是设身处地地为别人着想的好心肠，使他下不了决心，一直没有这样做。他苦闷、寂寞、孤独……他长期过着并非战士，又像是战士的单身生活。

大先生和广平师母定居上海后，1929 年 9 月 27 日海婴出世了。消息传来，太师母十分高兴。当大师母得到这个喜讯时，也十分高兴。她为什么高兴呢？原来她思想上已考虑过：当时她自己已是五十出头的人了，过去常常暗自思忖，此生、此世是不可能有孩子了。按绍兴习俗，没有孩子，也属妇人的一个“过错”。现在有了海婴，他是大先生的儿子，自然也是她的儿子。她自己无端加给自己的“罪名”，现在得到赫然“赦免”，怎么不高兴呢？另外，她还想到有了海婴，死后，有海婴给她烧纸，送庚饭，送寒衣……阎罗大王不会认为她是孤魂野鬼，罚她下地狱，让她挨饿受冻的。于是她精神上得到了安慰，所以很高兴。

我从1935年6月底离开北京，起先还和太师母通信，抗日战争后，兵荒马乱，和两位老人失去了联系；此后，没有和她们见过面，也未通过信，但心里一直惦念着敬爱的太师母和大师母。最近看到1980年第3期《新文学史料》刊载唐弢同志的《〈帝城十日〉解》，如获至宝，一口气读完，既感到亲切，又深受启发。从中知道：唐弢、刘哲民两位同志，受广平师母和鲁迅先生生前友好之托，为保存鲁迅遗物，劝阻出售鲁迅藏书事，于1944年10月上旬，专程从上海到北京。在北京逗留的十天里，他们做了大量的工作，直到完成任务。其间10月14日午后四时许，他们由大先生早年的学生宋紫佩先生陪同，前往西三条21号访问大师母。到达时，天色已近黄昏，当时大师母正在用膳，吃的是汤水似的稀粥，桌上碟子里有几块酱萝卜。……为了说明问题，我把文中有关大师母说的几句话，摘引如下：

……

宋紫佩先生说明来意，我（唐弢同志——俞注）将上海家属和友好对藏书（鲁迅京寓的藏书——俞注）的意见补说几句，她（大师母——俞注）听了一言不发。过一回，却冲着朱紫佩说：

“你们总说鲁迅遗物，要保存，要保存！我也是鲁迅遗物，你们也得保存保存我呀！”

……我便将许广平被日本宪兵逮捕，上海书籍抄走，直到导致汇款中断的经过，仔细说了一遍。听我谈到海婴，朱夫人脸上现出关切的神情，我想了一下，索性将许广平当日本宪兵抄家的时候，安排将海婴转移到外边的计划，尽我所知地告诉她，她脸上渐渐露出笑意，动问孩子的哮喘病好了没有。出于我的意料之外，当我回答已经痊愈的时候，她以微微责备的口气，问我为什么不将海婴带到北京来，让她看看。

“兵荒马乱的，我们来一次都不容易，怎么带得了孩子！”我说。

朱夫人点点头，自己也笑了。

……因此按照上海商定的办法，我告诉朱夫人：生活费仍由在沪家属负担，倘有困难，几个朋友愿意凑起来代付，千万不能将藏书出售。

“每月拿他一百五十元，”朱夫人低下头，细声说，“我的眼泪一直往肚里咽。”

“的确太少了。”

“不！”她望了望我说，“我不是这意思，你知道，大先生生前，从来没有要过老二一分钱。”

“……”

“一百五十元我不要。我没有办法，才卖书。”

……

我动问这个数字（一百五十元——俞注）的由来。据朱夫人告诉我：这本来是周作人给老太太的零用钱：十五元。（当时鲁迅每月汇寄二百元）因为物价飞涨，币制变动，终于折合为联准票（当时北方用的是日伪联合准备银行的“联准”票——俞注）一百五十元，她（大师母——俞注）想不要。老太太临终嘱咐，不管怎样，都得收下。这是她（太师母——俞注）的钱，与别人无关，她要留给终身服侍她自己的儿媳。朱夫人眼泪汪汪地接下去说：

“我生为周家人，死为周家鬼。娘娘（婆婆）怎么说，我怎么办，决不违背！……”

我一连看了好几遍唐弢同志的《〈帝城十日〉解》，怅然良久。我想，艰难的环境，艰难的岁月，艰难的生活，既折磨人也锻炼人，它使大师母的性格变得坚强，人也显得精干。但她的思想似乎一直没有得到解放。

1947 年上半年，大师母带着浓厚的封建迷信思想，离开人世。她会认为她自己回到了理想的“极乐世界”。或许她逝世时，由于实现了“生为周家人，死为周家鬼”的誓愿感到精神上的慰藉吧。她始终没有觉悟到自己是封建婚姻的牺牲者。

1980 年 10 月 20 日

后　记

为了纪念鲁迅先生百年诞辰，我总算赶着把这本小册子完稿了。但直到现在，我心里还感到不安：由于水平低，文笔差，我没能把鲁迅先生的精神表现出来，这使我很惭愧。

在我童年的时候，我们三姐妹曾经和鲁迅先生住在同一个院子里，受到过鲁迅先生的热情关怀和亲切教导。这一段生活给我留下深刻的印象，使我至今难忘。其实这些事早就应该写的。许钦文同志在二十多年前就提醒过我。可是，写文章对我来说，谈何容易！加之当时工作总是忙忙碌碌，实在定不下心来写。

时间不知不觉地过去，我也从壮年跨入古稀行列了。

退休后，时间是有了，可文笔却还是毫无长进，写还是不写，一度在思想上激烈地斗争着。最后在许多同志的启发和鼓励下，我终于摆脱了文笔差的顾虑，从1976年开始写起回忆鲁迅先生的文章来。我应该把我知道的，如实地写出来，这是我义不容辞的责任。

这里特别使我感激的，是九十高龄的周建老为这本小册子写序言，这是对我的极大的支持、鼓励和鞭策，我将永远铭记着。

在写作过程中，许多同志曾经给了我很多鼓励和帮助，促进了此书的完成。对为这小册子付出劳动的同志们，我在此表示由衷的感谢！

如果这本小册子，不因我文字的拙劣，而能对鲁迅的研究，有些微小的帮助，这将对我是莫大的安慰和鼓励。

由于年龄关系，时间又隔得如此长久，其中有些事，可能记错。如蒙读者同志不吝指正，随时见告，则是非常欢迎，并衷心感谢的。

俞芳

1981年4月10日

鲁迅的学生忆鲁迅

俞芳 金锵

这一部分收录的是鲁迅先生的学生与战友有关鲁迅教育活动的回忆。

1978年前后，为了学习鲁迅的教育思想和实践，我们先后访问了十几位鲁迅先生的学生和战友，请他们谈谈当年鲁迅先生的教学情况和他们从鲁迅先生身上受到的教育。这些同志大都年已80岁左右，多数同志身负重任，非常忙碌。好几位同志体弱多病。但他们都像鲁迅先生当年对待后辈一样，非常热情地接待我们，详细地回忆几十年前的情况，耐心地解答我们提出的问题。访问稿整理好以后，又都亲自审阅修改。其中，李霁野同志、章川岛同志、唐弢同志都是在病中审阅的。

1980年7月下旬，杭州酷热。85岁高龄的吴耕民同志恰好参加政协组织的参观回杭，冒着炎暑，为我们赶着修改了近万字的访问记，提供了许多珍贵材料。

2000年10月，当年被访者中唯一健在的、95岁高龄的黄源先生在医院再次接受了我们的访问。

这一切，都使我们深深地体会到，鲁迅精神永在。鲁迅精神体现在他亲自哺育的学生身上，并通过他的作品和他的学生与战友继续教育着下一代。

为了完整地保存这一部分珍贵的回忆资料，供广大教育工作者和鲁迅研究工作者参考，我们把这些回忆录集中在一起，加上题目："鲁迅的学生忆鲁迅"，作为本书的一部分。每篇访问记的内容均以当时访问时所做的记录为准。

俞芳　金锵

（此部分内容选自顾明远、俞芳、金锵、李恺著《鲁迅的教育思想和实践》，人民教育出版社2001年版）

吴克刚同志访问记

吴克刚同志现年 90 岁，是鲁迅先生七十年前任教于浙江两级师范学堂时的学生中目前唯一健在的一位。他一直从事教育工作，1957 年退休。现住杭州。他虽已九十高龄，但仍坚持走路去政协开会、学习。

1978 年 3 月 9 日，我们访问了吴克刚同志，以后又续访两次。下面是他的谈话的整理稿，经过他本人修改审定，曾在《杭州大学学报》1979 年第 1、2 期合刊发表过。

我今年 88 岁，67 岁时从杭州四中退休。

浙江两级师范学堂创办于 1906 年，1908 年正式开学。分设优级、初级两部。优级培养中学师资，初级培养小学师资。

优级连预科在内三年毕业。我是优级师范第二届学生，毕业于1911年，就是辛亥革命那一年，当时我22岁，是学生中年纪轻的一个。

优级师范分设数学、理化、史地、博物四科。我读的是博物科。

1909年夏，鲁迅先生从日本留学回国，当年秋季开学时就到浙江两级师范学堂任教。他教的是生理卫生，并担任植物学课日本教员铃木珪寿的助教，当他的课堂翻译。

我毕业时的监学是经亨颐先生。他是经普椿同志的父亲，廖承志同志的岳父。

钱家治先生（钱学森同志的父亲）是教育学助教。教育学是日本人中桐确太郎教的。

鲁迅先生的好友许寿裳先生教心理学，“木瓜之役”时兼任监学。他后来到台（湾）大（学），被国民党特务暗杀了。

教唱歌、图画的也是日本人。教师当中许多人都是日本留学生。

鲁迅先生到校任教时，监督是沈钧儒先生。后来沈辞职，由富阳人夏震武继任。夏是封建顽固派，官僚主义十足，要教员对他“朔望朝参”，引起教员罢教。这次罢教是鲁迅先生、许寿裳先生与动物学教师杨乃康（湖州人，也是日本留学生）发动的，斗争十分坚决。后来夏无可奈何，只好滚蛋，由浙江提学使袁嘉谷暂代。后来又派永嘉京畿道监察御史徐定超接任。他出的布告写明“京畿道监察御史兼浙江两级师范学堂监督徐定超署”，官气十足。

有一次，数学科一个学生在日本教员上课时打了个呵欠，本非大事。但日本教员认为是对他不尊敬，要记过处分。学生反对，说：“要记，全班记。”我们博物科的同学也支持他们。事情闹僵了，鲁迅先生出来作了巧妙的调解。他说：“这件事可以从两个方面解释。从教师方面看，学生打呵欠，是学习时注意力不集中；从同学方面看，是教师教得不够好，注意力集中不起来。既然记一个人的过大家不同意，为使全班安心上课，全班都记过好了。”全班都记过，等于不记。鲁迅先生巧妙地支持了学生的正确行动。

有一次，鲁迅先生与铃木珪寿带领学生去南高峰、北高峰一带采集植物标本。路上，学生看到一株开着黄花的植物，问：“它叫什么名称？”铃木答：“一枝黄花。”学生大笑，说：“这个花是黄色的，就叫一枝黄花？它的学名呢，也是这样？”他们不大相信铃木的回答。鲁迅先生严肃地说：“要批评人家的错误，自己要真懂。你们可以去查查《植物大词典》，这个植物是属于菊科，汉名叫一枝黄花嘛！为什么不懂装懂，乱批评呢？”他指出对别人不信任应有根据。

鲁迅先生的言行，对我们是很好的教育。当时的杭州拱宸桥，设有日租界，有妓院。星期六下午没课，无聊的教师也去妓院。鲁迅先生非但不去，而且批评他们：“拱宸桥是我们中国的土地，被日本人占去，你们不以为耻？为什么还去寻欢作乐？”

铃木珪寿教课不发讲义，上课时由鲁迅口译，学生笔记。鲁迅先生自己教的生理卫生发讲义，是用文言写的，很多地方是四字一句。鲁迅先生讲课很生动，有时引得全堂大笑。

鲁迅先生旧文学根基好，译名尽力用中国旧有的名称。如“纤维”，他译为“糸”（音灭，一丝一丝的意思）；“细胞”，他译为“幺”，意为小单位。又如阴茎，他叫作“朘”，并引老子的话“童子未知牝牡之合而朘作”为据。当时科学名称未统一，而且有些也不雅，并不是他好奇立异，因为还不如中国已有的名词好。

当时每学期有修业证书，即成绩报告单，毕业时有毕业证书，每门功课不仅写明分数，而且任课教师都在名下盖章。生理卫生的分数下面盖的是周树人的印章。我的毕业证书和鲁迅先生的讲义我一直都保藏着，抗日战争中我从湖州中学逃难出来时还带着，路上在一个祠堂上课，日本人追来，匆忙逃难，全丢失了。现在浙大化工系教师王会芳，过去是我的学生，曾经看到过我的《动植物图谱》等物。

在两级师范学堂时的同学，大都去世了。有个郑以真，数学科的，本在杭州，已去世。在博物科与我同班的同学，还有何绍韩、陈纯人，不知在不在人世。

常惠同志访问记

常惠同志，现年 86 岁。鲁迅任教北大时，与他来往较多。他在北大编《歌谣周刊》，得到鲁迅很多帮助。北大毕业后，他曾在北京故宫博物院等处工作，现退休在京，对鲁迅研究工作十分关心。

我们（此处指俞芳、金锵——编者注）于 1978 年 4 月 29 日访问了常惠同志，下面是他当时谈话的记录，整理后读给他听过，他欣然同意。

我 1894 年生，今年 84 岁，有心脏病，耳聋一点，其他还好。

我初见鲁迅先生，是刘半农带去的。我随半农读书时，读《狂人日记》，觉得有趣，问半农："鲁迅是什么人？"半农说：

“周豫才。二周，他是大周，周作人的哥哥，你想见他吗？我领你去。”

一天傍晚，半农领我去绍兴会馆见鲁迅先生。到时天已黑了，不大看得见。到屋里，半农对鲁迅先生说：“这是常君，来见狂人来了。”鲁迅先生回答得十分机智：“他来找人来了。”原来半农本叫“半侬”，后去“人”旁，所以鲁迅开这个玩笑。当时半农茫然，后来指出，是开他玩笑，半农脸红了。

我听鲁迅讲课，先后听了四年。头回听《小说史》，是1920年暑假以后。北大先是宣布由周作人讲小说史，周作人不愿讲，说材料是鲁迅多，后来宣布由周树人讲。我头一次听讲前已由半农伴去见过鲁迅先生，我想听讲时得到前面的座位，因此赶快报名，得了第二座，坐在头排。开初大家都不知道周树人即鲁迅，报名的只十多人，后来廿多人。有时考卷是十三人、十七人，《日记》上有的。后来知道讲者是鲁迅，听的人多了，不登记了，旁听的更多，不过不一定有讲义。我选修了两年鲁迅的课，后来又白听两年。鲁迅到哪里讲，我老跟着。

头回听的《小说史》，是油印讲义。现在鲁迅博物馆展出的那本，就是我的。后来我又买了一本，送给谢澹如了，上海鲁迅纪念馆是他办起来的。唐弢也有一本，曾送到日本展览，不知有没有收回。

鲁迅讲小说史，有时一次讲半章，有时一章。上课时先念讲义，看有错字漏字没有，然后讲内容。下午一点上课，他十二点半准到休息室，我一定先去与他聊。一摇上课铃，他就上课堂，一摇下课铃，准下课。学生有问题，则留下答问。当时北大有些教授上课老迟到，下课拖时间，鲁迅不同。

讲《红楼梦》时，年轻学生都迷恋林黛玉。鲁迅说："你们都赞成黛玉？我不赞成。"大家都疑惑。问："为什么？"他说："痨病鬼。"大家都笑起来。

鲁迅在北大上课，先在 19 教室，后因听的人多了，改在 32（或 33）教室，能坐五六十人。我去听讲时，孙伏园也去，川岛也去。现在有的文章讲鲁迅上课时的情况，不大像当时的情景。

1920—1921 年，《呐喊》《苦闷的象征》在新潮社出版，我每种都预约两本。鲁迅去看预约的情况时，看到我第一个预约，问我："为什么预约两本？"我说："要送别人。"他说："以后别再预约了，我都送你。"一直到他去世后出的《且介亭杂文二集》，绿皮的，他都送我，别人可能没有。

韦素园死前吐血，半夜十二点台静农来叫我，我赶紧去请北大校医给他打针。素园去世，静农把棉衣给他穿上，我给办丧事，鲁迅给素园写的碑文，也是我请人给刻的。刻好的碑以后给人弄歪了，王冶秋给拉了回来，现在在鲁迅博物馆，另给做了复制品，拓了几十份送人。

川岛同志访问记

川岛（章廷谦）同志，现任北大中文系教授，现年79岁。他是鲁迅先生非常接近的学生和战友之一。1978年5月5日，我们到北大蔚秀园访问川岛同志，他热情地接待我们，亲切地回答我们提出的问题。

川岛同志从去年起患脑血栓，卧病在床。最近，我们把这份访问记读给他听，请他审查。他坐起来细听，久病在床上的孙斐君同志（川岛同志夫人）也坐起身细听。川岛同志边听边点头。读完后，他老人家情绪激动，泪流满面，说："每次想到这些，心情都很激动。鲁迅先生不仅是伟大的文学家、思想家、革命家，而且是伟大的教育家。鲁迅初到北大讲课时，许多人并不知道他是鲁迅，完全是由于他讲得好，才吸引了越来越多的人。与他相对比，周作人当时名气已很大，发表过许多东西，而且的确本领不小，可以在课堂上边读英文书边译成汉语，但他讲得不吸引人，讲课时总用手摸额头，有时甚至讲得人要睡觉。”

我听鲁迅先生讲《小说史》，听了两次，但头一次没听全。他讲《苦闷的象征》，我也听的。发给我的讲义后来在兵荒马乱中全丢了。鲁迅先生在厦大时的讲义《汉文学史纲要》，也从厦门寄给我，我一直保存着，早已献给鲁迅博物馆了。

我是在 1919 年 10 月间由山西大学转学到北大来的，1922 年在北大毕业。毕业后，留校当助教，在校长办公室工作。当时的校长是蔡元培，胡适是教务长。听鲁迅讲课时，我已在工作，办公室在二楼，鲁迅讲课是在二楼东头的一个教室，所以经常有机会去听。

选听鲁迅《小说史》的，教务处都发给牌子，按牌子排好座位，注册组点名的职员看座位点名。鲁迅讲课，有家乡口音，初教《小说史》时，用周树人的名字，听的人未必知道就是鲁迅。后来听的人愈来愈多，本来坐两个人的座位，往往挤上三四个人。当时孙伏园在《晨报》馆工作，也来听。还有住得更远的，也来听。听课的人很多，以致点名的人无法点名，只好画个“全到”了事。

鲁迅在北大讲课，是在下午两点。他经常带一个布书包，黑底红格。鲁迅先生喜欢红、黑两种颜色，并把这两种颜色看作血和铁的象征。

当时的北大，有教员休息室。有好些教师上课慢吞吞地去教室，铃响了五分钟，有的人才去，下课也要迟几分钟。鲁迅先生与这些人不同，他总是准时上课，准时下课。有时嘴上在吸烟，听到铃响，立刻熄了烟去课堂。“摇铃就上，摇铃就下”。鲁迅先生这种准时、认真的作风，给我留下很深的印象。我以后教书，也学鲁迅先生的样子。

当时的北大，规定黑板是由工友擦的。鲁迅先生一生勤快惯了，他从不摆架子，上完课，他一定自己把黑板擦干净。

下面谈谈鲁迅先生帮助教育我本人的情况。

鲁迅先生对我的教育帮助，是一言难尽，永生难忘的。我随便举几个例子吧。

他经常教导我们办事要认真，要实事求是，严肃不苟地来对待工作。他指导我们办《语丝》就是个榜样。不论是《语丝》的形式、内容，还是稿件的编排、处理、发行等等，鲁迅先生都给予指导。比如，在创刊号应如何显示出刊物的面貌来；第 2、第 3、第 4 期在稿子质量方面应如何安排；遇到好的稿子较多时，不要在一期中都挤满；要把内容充实，不受时间限制的稿子积累一些，以备在稿荒时使用。这种手把手的教导，使我们这些乳毛未褪尽的青年得益很深。

帮助我校点、出版《游仙窟》一书，既说明他对后辈热情的鼓舞帮助，也充分表现了他对工作极度严肃认真的精神。1926 年 2 月，我告诉鲁迅先生想校点出版流传在日本而国内久已亡佚的唐代传奇《游仙窟》，鲁迅先生表示支持，认为最低限度也可使这本书全文复归华土。他立即把所藏的《游仙窟抄》借给我，并答应出版时给我写一篇序文。开始校点后，首先在改错、断句上就遇到许多困难，总想找到一个善本校订一下。整理好的稿子从北京带到厦门，从厦门带到杭州，迟迟不敢付印。1927 年上半年，只好寄给在广州的鲁迅先生，请他再为我校订一遍。7 月，鲁迅先生校正后并写了序寄还给我。关于付印的问题，又写了几次信给我教导。后来，打听到北大有日本的另一个较好的本子，我设法托人又校正了一次。但有的问题，还是没法解决。1928 年初，鲁迅先生从朝鲜找到了《游仙窟》的另一个日本刻本，我想借来再校一次，写信给先生。谁知过了不久，鲁迅先生竟亲笔正楷抄了一本寄给我，说是供我校对。原来他也是从别处借来的。我感激得真是无可言喻，立即加紧校改。1928 年 7 月，终于在鲁迅先生帮助下，决定交北新书局付印。付印之后，关于书的装帧、校对，一直到印出，全部工作都是鲁迅先生代我承担了。因此，这本书的出版，虽说由我校点，实际上鲁迅先生所花费的劳动，不比我少。孙伏园把鲁迅先生与他一道出门时为他打铺盖的事，比作耶稣替门徒洗脚。鲁迅先生帮助我校点、出版《游仙窟》，又何尝不是这样?!

鲁迅先生理解我们青年的心理，理解我们变希望为现实的欢乐，与我们青年相处得很融洽。在北京时，我与许多青年学生一样，最爱骑驴玩。有一年春天的一个星期天，我们八九个人又想骑驴玩，跑去要鲁迅先生和我们一起去骑，鲁迅先生高兴地走出家门，和我们一起骑驴到钓鱼台，一路上还和我们讲了好些骑术。

从 1922 年译著的《桃色的云》，到 1936 年精印的《死魂灵百图》，鲁迅先生自己的著作、译作，编的书、刊，出版后总送给我一本。在我结婚之后，是给我和我的爱人各一本。斐君初到厦大教书，鲁迅先生非常关心，经常问：“教得怎样?”

岁月催人，我与斐君，一老一病，但一想起鲁迅先生的爱护、教育，就涌起一股感激奋勉之情，期望在有生之年，再做点有益于人民的工作。

唐弢同志访问记

唐弢同志，现代作家、著名文学评论家、鲁迅研究专家，现任中国社会科学院文学研究所研究员，67岁。1933年起，在鲁迅的影响和帮助下写杂文、散文。1934年起与鲁迅常有交往。

1978年5月6日上午，我们在北京访问了唐弢同志，请他谈谈鲁迅生前指导他学习外语和历史的情况。下面的谈话内容，经过唐弢同志审阅修改。

那还是1932年的事，我在上海邮局当拣信生，当时我还不满20岁，和几个青年店员同住在南京路上一间小阁楼里。我那时除了工作外，还搞一些工人运动。为了学习，我们组织了读书会。这个读书会，只有七八个人。虽然大家都有强烈的求知欲望，却买不起书。怎么办呢？只好凑钱买书，大家轮流传阅，一道讨论；有时大家聚集起来，由一个人读，大家静听，然后讨论。那时我们读的，大都是“禁书”。最使我们为难的是买不到马克思主义的书。有一次，我到内山书店，发现店里有很多马克思主义的日译本。我把这事在读书会上说了，大家都很兴奋。我们想，如果我们中有人懂得日文，就可以从日译本看马克思主义的书，看完以后向大家讲解，那就好了。

那时的邮务工会是黄色工会，我们有人打了进去，在间接策动下，邮务工会开办了日语班，聘请专人教授，教科书就用鲁迅先生推荐的《现代日语》上册。可惜这个日语班开办不久，被工贼暗中捣乱，停办了。于是我想自学日语，怎样学法呢？读书班的同志们，推选我去请教鲁迅先生。过了几天，鲁迅先生给我寄来了内山书店的日文书籍的目录，并指明哪些书可买，哪些可缓买或不买。后来鲁迅先生还告诉我们，学习外语，放弃发音是不好的，建议我就近找个学校，不管好坏，学字母正音及拼法，学完以后，才好自修。但他认为，自修的方法是不大好的，因为没有督促，很容易随便放下，不如进夜校之类稳当。

鲁迅先生一向主张青年人应该读些历史。我曾请教他老人家看哪些历史书好？他介绍我们看夏曾佑的《中国古代史》，并指出着重看其中有关神话的内容，如抱朴子等。

有一次，鲁迅先生问我能否费点功夫，参考日本《近代文艺笔祸史》，整理出一部近代中国文网史来。这是因为他知道我对国民党党棍勾结工贼、派人检查邮信及邮寄刊物比较清楚而提出的。我说："这，我的能力怕够不上。环境是一种阻碍，何况对于古书，我不过随便翻翻，没有准备在这上面用力气。"他老人家说："随便翻翻是可以的，但必须不随便乱写。"停了一下，他又说："是的，还是多看一点外国书，对于你，这是更为有益的。"

鲁迅先生就是这样，不断地鼓励青年们学习，前进。

冯至同志访问记

冯至同志，现代著名诗人、外国文学翻译家、教授，现任中国社会科学院外国文学研究所所长，75岁。1921年至1927年在北大学习，听过鲁迅先生讲授小说史和文艺论。他是浅草社和沉钟社的主要成员。鲁迅先生曾在文章中称赞沉钟社成员坚忍、诚实。1926年，冯至同志开始与鲁迅先生有了更多交往。

我们于1978年5月8日下午在北京访问了冯至同志。下面是冯至同志当时回忆鲁迅先生授课情况的谈话，内容经他本人审阅过。

“五四”时期是个“百家争鸣、百花齐放”的时期，各种思想十分活跃。共产党在1921年成立，马列主义广泛传播，可是西方的其他思潮也很流行。1921年到1927年，我在北大学习，从一般的课堂里，得到的有益的东西不多。我爱读鲁迅的小说与杂文。20年代中期，鲁迅先生几乎每周都有文章发表，我们争着阅读、讨论，获益很大。

我听过鲁迅先生讲《中国小说史》和《苦闷的象征》。1924年暑假后又第二次听他讲《小说史》。这门课名义上是《中国小说史》，实际讲的是对历史的观察和评价，对社会的分析和批判，对文艺理论的探索。

鲁迅先生讲课，不照本宣读，而是念一遍讲义后，再抽出几个问题讲一讲。他讲得非常自然，不是滔滔不绝，也不是大声疾呼，全场听众都鸦雀无声。不少人听了一年后，第二年又去听，但一点也不觉得重复。听他讲课和读他的文章一样，在引人入胜、娓娓动听的语言中蕴蓄着精辟的见解，闪烁着智慧的光芒。他对于历史人物的评价，都是很中肯和剀切的，跟传统的说法很不同。譬如谈到秦始皇，他说："许多史书对人物的评价是靠不住的。历代王朝，统治时间长的，评价者都是本朝的人，他们对本朝皇帝，多半是歌功颂德；统治时间短的，那朝代的皇帝就很容易被贬为'暴君'，因为评论者是另一个朝代的人了。秦始皇在历史上有贡献，但是吃了秦朝年代太短的亏。”谈到曹操时，他说：“曹操被《三国演义》糟踏得不成样子，且不说他在政治改革方面有不少建树，就是他的为人，也不是小说和戏曲中歪曲的那样。像祢衡那样狂妄的人，我若是曹操，早把他杀掉了。”这些论点，后来鲁迅写在《魏晋风度及文章与药及酒之关系》一文中。(见《而已集》)

鲁迅先生最反对从概念出发，他讲课与写文章一样，总是对事实作透辟的分析。他最反对《小说作法》《创作入门》之类的书。

总的印象，在文艺理论上，鲁迅当时还在探索真理。例如讲《苦闷的象征》，是为了探索文艺的起源。《苦闷的象征》这本书今天看来并不太正确，是根据弗洛伊德学说写的。1928年到上海后，鲁迅先生译普列汉诺夫的《艺术论》，解决了文艺的起源问题。这时他学习了马克思主义文艺理论，觉得许多过去争论不休的问题得到解决了。

鲁迅先生讲课非常风趣。他常常引得大家发笑，但他自己却一笑也不笑。冬天他穿一件旧棉袍，长只到膝部。上课时夹着一个小布包，包着讲义和书。他不常理发，胡子也很少修剪，有一次，忽然理了发，一上讲台，大家都不约而同地笑起来。

鲁迅先生对我们几个青年办的沉钟社很是爱护。他觉得我们办的刊物比较严肃认真，给予我们热情的帮助。

出于内心的尊敬，我们一直想访问鲁迅先生。三一八惨案后，北洋军阀借口通缉所谓“暴徒首领”，迫害进步人士。鲁迅先生离家避难，我们不知道。5 月 1 日我们到鲁迅先生家中拜访，碰巧他暂时回家，热情地接待了我们。他跟我们谈我们的刊物，谈俄罗斯小说，关心地问其他与我们一道办刊物的朋友的情况。那时他还没有写出《藤野先生》一文，我们问壁上穿西装的日本人的照片是什么人，他说：“是我在仙台时的老师，对我很关心。”后来我们再次访问，提出问题请教，他总是给以明确的、中肯的回答。从他那里回来，每次都感到有宝贵的收获，得到从别的地方得不到的指引。

李霁野同志访问记

李霁野同志，现代著名作家、文学翻译家、教授，现任南开大学外语系主任，76岁。他是未名社的一个主要成员，是鲁迅先生视作“老朋友”的学生与战友之一。

1978年5月18日上午，我们到天津访问了李霁野同志，以后又作函求教，得到他的热情帮助。

下面是访问时李霁野同志对鲁迅先生的回忆。记录整理后请他本人审阅，他来信热情地说：“记得简明扼要，我无意见。”

在1924年初冬的一个下午，我第一次去访问鲁迅先生，出我意外，先生的态度和蔼可亲，没有一点架子。这之后，我们——我和几个同学——就常去他家了。有一次，我们谈到一般书店不肯印行青年人的译作，先生认为这种风气很不好，他建议我们自己成立一个出版社，只印自己的译作，稿件由他审阅和编辑。于是，未名社就成立了。它的成员是：鲁迅、韦素园、台静农、曹靖华、韦丛芜、李霁野。六人中，除鲁迅先生外，我们五人基本上都只有中学生程度，外文基础还很不够，各方面的知识也很浅薄，但是先生却用发展的眼光看待，认真负责地培养我们。

先生对我们教育的范围很广，这里就我感受最深的简单地谈谈。

在20年代初期，工人阶级及其政党刚刚登上政治舞台，这局面，特别吸引广大的青年知识分子。在新形势下，帝国主义的走卒们，竭力叫嚷："救国必先求学！"企图骗取青年"踱进研究室""整理国故"。先生针对"整理国故"的反动叫嚣，曾多次对我们说，自己读中国古书时，心情容易消沉，容易脱离现实斗争，劝我们千万注意。因为那时台静农在北京大学中文系旁听，我在燕京大学中国文学系上学，我们天天要和中国旧书接触，先生深怕我们上当受骗，陷进泥潭，迷失政治方向。

1928 年 4 月，我因为政治嫌疑被北洋军阀逮捕后，燕京大学的当权者不准我复学；一位中国文学系的前辈，问我愿不愿意留系做研究生，我谢绝了他的好意。我的这个行动是和鲁迅先生平时对我们的教导有关系的。先生觉得离开那样的大学，一点也没有什么可惜，他不愿我“踱进研究室”，希望我进入社会，参加实际斗争。

鲁迅先生对未名社成员的翻译和创作，在看稿、改稿、印刷、出版等方面费去了大量的时间与精力。特别感人的是先生改我们的稿件，遇到要斟酌、修改的地方，总是当面和我们商量、改定。如是译稿，有日文译本的，他还要对比校订。

记得我把长篇小说《简爱》译完后，寄给先生。他看完后，代为送出发表，换得我去英国旅游的川资。先生鼓励我说，走马看花，对于一个国家的文学了解也有好处。

有一个时期，我写了几篇短文，寄给先生看，先生看后，曾劝我多读点英国的散文（小品文)。由于先生的教导，我较多地读了这类文章，但感到有些畏难，对先生说，我毫无写这类文章的才力。先生鼓励我说，天下没有不费力而能成功的事；写文章既要有丰富的生活经验，也要有艺术方面的修养；两者相比，丰富的生活经验更为重要。

有一次，我们向先生请教写战斗杂文的方法和风格。先生说，作这样的文章，首先要击中论敌的要害。

鲁迅先生也和我们谈过自己写小说的经验。

最使我难忘的，是先生帮助我解决《上古的人》译稿的校对那件事。《上古的人》译稿，在《民报》副刊上发表了一小部分，后来《民报》被封了。先生劝我把全稿校一校交给书店另行出版。我说："怕有错误，最好能请人给校一校。"先生立刻说道："我去绑季茀的票！"那时正是热天，校稿确是一件苦事。我说："最好先问问许季茀先生。"先生笑了笑说："绑票还有先征求同意的吗？"结果他请许先生给校了校，我才将译稿卖给上海一家书店，连同《民报》副刊的稿费，凑起了上大学的费用。

五十多年过去了，鲁迅先生对我的言传身教、爱护备至的情景，至今想起，桩桩件件如在眼前。先生给我留下的印象实在太深了。

许钦文同志访问记

许钦文同志，现代著名作家。现年 83 岁，家住杭州。他 20 年代离京南下后，一直从事教育工作，解放后曾在浙江的几个大、中学校任教，现在是浙江省文化局副局长、浙江省文联副主席。他是与鲁迅先生来往较密的老同志之一。这份访问记经过许钦文同志审阅。

1980 年 4 月 3 日下午，我们访问了许钦文同志，进得他的工作室兼卧室，只见这位 83 岁的老同志正在伏案疾书。从许老的谈话以及有时我们看到的情况，知道许老平时确实很忙，他经常要接待来自各地的访问者，回答他们提出的有关鲁迅先生以及文学等方面各种各样的问题；还要书面回答向他请教的来信。所以他写文章一般是晚上进行。更难得的，这位八十多岁的老同志，写文章不打草稿，字迹工整，有时一口气能写几千字。他一生从事鲁迅研究，据我们了解，到现在为止，他已出版了三十种书。其中有的已成为中学语文教师的工具书，很受人们的欢迎。

我们请许老给我们谈谈鲁迅先生的教学特点，和对他本人的帮助等等。许老回忆说："我是1920年冬开始到北大旁听鲁迅先生讲中国小说史课的，因为当时我得负担我的双亲和弟妹们的生活，所以是一面工作，一面抽出时间学习。我听鲁迅先生的课很不容易，经常是把工作提前做好，保证能提前赶到北大，占个好位子听课。鲁迅先生讲小说史课，并不限于讲义，他常联系课文宣传反封建礼教，并结合讲文章写作方法。如讲《儒林外史》时，着重分析作者的讽刺笔法；讲《水浒》时，分析作者对人物性格的刻画等等。他讲课也联系当时写战斗文章的方法。"许老深有体会地告诉我们："鲁迅先生不喜欢看面面俱到的驳论文章。他说，写战斗文章，只要攻其要点，就可推翻对方全文。"许老停了一下问我们："你们还记得章士钊当年撤去鲁迅先生教育部佥事职务，鲁迅先生向平政院起诉的理由是什么？"他自己接着说："就是抓住他们'倒填日期'

的矛盾，得了胜诉。‘攻其要点，破其全局’，是鲁迅先生写战斗文的特点。总之，鲁迅先生讲课既不拘于课文，又不脱离课文，他的课讲得很活，生动、幽默、简练、深刻。我于五年间断断续续地听了约三年，竟没有重复之感。现在回想起来，这三年的课对我的帮助很大，直到现在，我还能记起他讲课时的情景。”

许老深情地说：“要谈鲁迅先生生前对我的帮助和教育，那是说不尽的，这里举一个例子和你们说说吧。那是我将要离京回浙江到台州中学教书前向鲁迅先生辞行时的事。当鲁迅先生知道我要去教语文时，他就把黎锦熙先生用注音字母签名送给他的《国语文法》交给我，说：‘你拿去，有用处。’我回来翻阅，发现书里夹着试行图解的草稿，是鲁迅先生的笔迹，可见他自己正在研究，是需用这本书的。但他认为这书对我更为有用，就割爱相赠。鲁迅先生培养爱护青年常常是‘牺牲自己，成全别人’。这是鲁迅先生对待青年的一贯态度。”

黄源同志访问记（一）

黄源同志，是文学翻译家，我党老一辈的文艺工作者，现年 75 岁。他是全国文联理事、浙江省文联副主席、浙江省作协主席。1927 年，黄源同志就认识了鲁迅先生；1934 年起，在鲁迅先生领导下编《译文》杂志，是鲁迅先生晚年交往较多的学生和战友之一。

1980 年 4 月 4 日，我们访问了黄源同志，请他谈谈听鲁迅先生讲学的情况和交往中从鲁迅先生身上受到的教育。这份访问记请黄源同志亲自做过审改。

鲁迅先生是红专结合的模范。他是伟大的革命家，后来又成为伟大的共产主义者。这是公认的。他同时是杰出的学者。

鲁迅之所以成为鲁迅，首先是他各方面的基础都好。例如古文，他在私塾中学的，怕比现在中文系学的多得多。他的文字工具的基本功打得好，这一点很值得学习。到南京以前，鲁迅的语文基础已经打好了。到了南京，他开始吸取西洋文明，读赫胥黎的书等等，知识面扩大了。到日本，能学的更多，知识面更扩大了。当时正适反清革命高潮，鲁迅特别着重学习被压迫民族的作品。他为革命而学习的观点那样明确，当时很少有人能比。回国后在杭州、绍兴教书，外国知识那样丰富，并不满足，又研究本乡本土的文籍，研究古小说，继续下功夫学习本国的知识。实际上，一直到晚年，他都保持学生式的生活。一生所好，就是学习，除了买书，其他不大花钱。

鲁迅写《中国小说史》，写到的内容都根据搜集到的原始资料一一研究过，真正掌握了以后才写出来，实事求是，认真踏实。他讲课，讲的都是他研究的心得。他编的讲义用古文写，很概括，但内容极深。讲义只是讲课提纲，讲时非常生动活泼，因为他讲的都是自己的心得体会。

鲁迅曾经对内山完造说：“你们日本人有一点值得我们学习：认真。”鲁迅自己就是认真踏实的榜样。

红专结合，认真踏实地治学、教学，鲁迅先生的这个特点非常值得我们教育工作者学习。这是实事求是的作风。

下面谈谈在上海我与鲁迅先生接触中感受最深的地方。

首先，是平等待人。鲁迅先生当时已是公认的权威，但同我们年轻人谈话，从来非常平等，没有高人一等的表现，真正做到他自己希望的“化为青年，使大家忘掉彼我”“绝无傲态，和蔼若朋友然”。使人一点不觉得他是权威的人，这是极不容易的。

第二，非常谦虚。他从不显示出自己是有学问的人，从来不使人觉得他了不起。我现在尽量回忆，总想不出他讲过一句自己夸口的话。他学识渊博，历史知识十分丰富。有一次，他却对我说：“有些人总以为我懂得很多，其实即以历史知识而论，我不过在正史以外看了一些野史而已。”他与我们青年人谈话，一道工作，总是像普通老人，像朋友一样地交换意见。出版《译文》杂志，是鲁迅先生主办，茅盾先生极力支持，我挂编辑的名。开初的三期，鲁迅先生译了许多稿子，找插图，集稿，看稿，编排，完全由他一手编定，我做一些具体工作。第3期编完后，他对我说：“下期起，我不编了，你编罢，你已经毕业了。”我接编后，他总是处处尊重我的工作。要求他写点、译点什么，他总是“有求必应”。与他合作，是莫大的幸福。与他合作，总使我忘不了他那种对工作极度认真负责、尊重别人的意见又多方体贴别人难处的崇高精神。

现在有的文章说鲁迅如何如何“指示”，这是用现在流行的说法。实际上，他从来不作指示式的讲话，从来没有说教口气，从来不要人非听他的不可。

有人说鲁迅“脾气很大”。其实是鲁迅对是非绝不含糊，原则性极强。对有缺点的人，他从不一拳打死，但也绝不迁就。与有的人观点分歧太大，谈不拢，只好不谈。

鲁迅对人平等，谈话、写信都极尊重别人。他的为人与他的文章一样，经历了几十年的考验，使人一直觉得他伟大。我们党，我们党的领导人，广大党员，都是十分敬佩鲁迅先生的。鲁迅先生更永远值得我们青年一代学习。

黄源同志访问记（二）

金锵（以下简称笔者）于2000年10月4日到浙江医院再次访问了黄老。他卧在床上看电视，气色很好，思维敏捷，语言清晰，不戴老花眼镜可以看书、报、电视。本书即将再版，请他看看初版书中的《黄源同志访问记》是否需要修改。黄老从床上坐起来，一字一字地仔细看了稿子后对笔者发表了谈话。

我生于1906年，今年95岁。这是二十年前的谈话。我看不必改。你回去后复印一份给我，送给我的书找不到了。我的书中没有这一篇。

（笔者提问：“现在还有人在说‘鲁迅脾气很大’，你在谈话中不赞成这个说法，认为‘其实是鲁迅对是非绝不含糊，原则性极强。对有缺点的人，他从不一拳打死，但也绝不迁就’。你能不能举个例子。”）

例如成仿吾。解放战争时期我同他见过面。创造社时期，他与鲁迅在文艺观点上有不同，把鲁迅的小说说得一钱不值。说《呐喊》中只有《不周山》一篇是“杰作”，其他的如《狂人日记》《阿Q正传》等全是“浅薄”“庸俗”的“自然主义”作品。鲁迅回敬他当头一棒，在《呐喊》印第二版时，特意删去《不周山》这一篇。后来成仿吾在实际生活中对中国的了解加深了，看法有所改变，参加了中国共产党。他从鄂豫皖苏区到上海，要找党的关系找不到，找到鲁迅，要鲁迅帮助。鲁迅替他联系好，他不久就到中央苏区去，后来参加了长征，一直搞革命教育工作。鲁迅并不因为过去在文艺上敌对就不理他，看到他改变了，就以同志对待。这样的事例不只一件。

（谈到1927年10月25日鲁迅在上海劳动大学的演讲，黄老很激动。）

我当时21岁，在劳动大学编译馆工作。鲁迅的演讲由我与许天虹、钟子岩三个人记录，由我最后整理成文，送交学校，由他们送请鲁迅审校，1927年11月首次在上海劳动大学的《劳大周刊》第5期上发表。

解放后，有一个当年的劳大学生在《人民日报》上发表文章，说我的记录稿不正确，“有失原意之处不少”。记录稿发表后几十年了，再发表文章说“有失原意”，真是怪事。我的记录稿经鲁迅本人校阅过，讲的时候原来没有题目，是我加上《关于知识阶级》的题目，鲁迅校阅时没有改变，说明他是同意这个演讲题目的。首次发表的刊物《劳大周刊》是我主编的，发表时由我经手，没人干涉过。这个记录稿后来又刊登在劳大编译馆编辑出版的《劳大论丛》（1929年9月），后来唐弢收入他编的《鲁迅全集补遗》(上海出版社1946年出版)，此后出版的《鲁迅全集》都收入。最新的《鲁迅全集》是人民文学出版社1991年出版的，这个记录稿见于第8卷《集外集拾遗补编》，该卷第194页题解中说明：记录稿“由黄河清记录，发表前经过鲁迅校阅”。黄河清就是我。鲁迅日记中对此也有记载，1927年10月25日的日记：“下午李式相来，同至劳动大学演讲约一小时。”1991年人民文学出版社出版的《鲁迅全集》第14卷第677页对此作注：“是日鲁迅往讲《关于知识阶级》，由黄源记录，讲稿现编入《集外集拾遗补编》。”1927年11月3日的鲁迅日记：“晚寄还劳动大学讲稿。”1991年版《鲁迅全集》第14卷第681页对此注曰：“即《关于知识阶级》的修改稿。”这说明鲁迅对这份记录稿是十分重视的，在讲毕一周即将记录稿校阅完寄回。难道鲁迅自己修改过的记录稿还“有失原意”？某人发表文章说我记得“有失原意”，你的记录稿呢？空口说白话吗！

（黄老这时请照顾他的保姆替他穿上衣服上厕所，笔者说：“就谈到这里吧，您恐怕累了。”黄老说：“等一下，等一下。”回房后黄老继续讲。）

谈一谈鲁迅与易培基和劳大的关系。易培基当时是劳大校长。在20年代，易培基曾经与鲁迅合作过，共同反对北洋军阀段祺瑞，支持女师大学生运动。鲁迅从广州到上海刚一个多月，易就请鲁迅到劳大演讲，鲁迅答应了，讲了我记录的《关于知识阶级》。这是鲁迅从广州到上海后作的第一次演讲，是出于上述老关系。我也是这回头一次见到鲁迅。鲁迅作这次演讲时，还不了解劳大的办学目的，易培基的劣迹也还没有在鲁迅耳目中暴露。这次演讲后，易培基又再三邀请鲁迅到劳大讲课。鲁迅去了，并逐步了解，劳大是国民党办的，打着“劳动”的幌子，想用无政府主义来代替共产主义，校内有国民党的特派员暗中监视共产党员。易培基请鲁迅演讲与讲课，是有阴谋的，是想利用鲁迅作“招牌”，背后却在逮捕进步学生、共产党员。鲁迅一知道上当，讲了两次课后就坚决不去了。1927年11月的日记中，“往劳动大学讲”共两次，一为七日，一为十四日，即受易培基骗去讲课的两次。此后不再去。1928年1月10日的日记：“复易寅村信，并还薪水六十。”《全集》第14卷第700页注云：“因劳动大学迫害进步学生，鲁迅不再为该校开设文学讲座课，故还薪水。”易寅村即易培基。

（2000年10月7日上午9时，笔者到浙江医院请黄老审校这份记录稿。黄老还未吃早饭，就详细校阅。补充了有关成仿吾的一些情况，同意这个记录稿，并且说：“鲁迅1927年10月28日在上海立达学园的演讲《伟人的化石》也是我记录的，记录稿后来丢失了。立达学园就在劳大附近，都在江湾。”）

吴耕民同志访问记

——谈 70 年前在绍中的鲁迅先生

吴耕民同志，现年 85 岁，是鲁迅先生任教绍兴府中学堂时的学生。他从日本留学回国后，曾任教浙江大学农学院。现为浙江农大园艺系教授、浙江省科技协会顾问。1980 年 7 月下旬我们访问了吴耕民同志，请他回忆七十年前受教于鲁迅先生的情况。吴老极为热情，作了长篇谈话，提供了过去不为人所知的一些情况，并冒着酷暑亲自对这篇访问记作了详尽的修改。

一、 绍中旧貌

浙江省过去设杭、嘉、湖、宁、绍、台、金、衢、严、温处共十一府，清末废科举后，每府设立一中学堂，作为培养人才的学府。绍兴城内仓桥边原有考秀才的考场，就利用它改建绍兴府中学堂，光复后以府排列的次序是杭、嘉、湖、宁、绍……绍兴府为第五，改称浙江第五中学。绍中地域宽广，围墙高筑，校舍新造，除有做学生宿舍及自修室的元、亨、利、贞四个宿舍、南北饭厅各一座和为教员住宿的教员楼一所（现仍依原样保留，以纪念鲁迅先生）外，有主要教学大楼一座，红砖洋式，面对广大操场。在浙江十个中学中，其时绍中的校舍是最新式和整齐的。学校正门面对仓桥河，门外墙上挂着虎头牌，上面写有“府正堂示，学堂重地，闲人莫入”字样，同时在挂牌的钉上挂着皮鞭，如果有人不经许可，随便进来，管门的老头，就拿鞭猛打，以示威风。这是前清末年绍兴府中学堂鄙视劳动人民、对外示威的情况。鲁迅先生到校后，有一个学生的父亲是农民，来自乡间，不明探访儿子须向门房请准的手续，擅自走入校门，曾受到一鞭之辱，向儿子诉苦。我们知道后，都打抱不平，认为鞭打来客，太野蛮了，乃申诉于鲁迅先生，因为他是学监，可以管理学生的事。鲁迅听到用鞭打来客，大不以为然，立即建议于监督（即堂长或校长），取消虎头牌上挂皮鞭，并告诉门房老头，不准随便打来客。光复后，虎头牌重新换过，取消“府正堂示”四字，仅写“学校重地，闲人莫入”了（过去称学堂，光复后才改叫学校）。

二、 鲁迅先生初来绍中的形象

我于宣统二年（1910 年）阴历正月下旬进府中，至民国二年（1913 年）冬因毕业考试风潮被开除退学，其时中学已改四年制，我在校四年，但未能拿到毕业文凭。鲁迅先生较我迟半年于 1910 年夏来校，至 1911 年夏离校，在绍中工作约一年，除任学监外，担任生理卫生和植物学课程的教学工作。我进校时校长（那时叫监督）为蒋介眉，诸暨人，出身举人，其余教员除少数如范爱农、章鲁瞻等为日本留学生外，其他主要教员都是秀才、举人，外观作风与乡间小学教员差不多，未能引起我们有新奇感觉。鲁迅先生到校后，外观举止和其他教员判然有别，正如鹤立鸡群，引起学生注目和敬爱。大家议论纷纷，在背后叫他“豫才先生”，当面则叫先生，连周字也不敢带，因在封建时代，对尊长连名带姓，是认为不礼貌的。我们小伙子认为鲁迅先生是全校最先进最新式的老师，爱之敬之。其原因有下列几点。

（一）无辫子。

清朝入关，要汉族男人都剃头养发，即头的前半面将发剃光，后半留发打辫，辫长3—4尺，拖到背后，正如猪牛的尾巴，工作、大便、睡觉都不便，且其时缺少肥皂或洗涤剂，洗发只有用木槿的叶子泡水，不易洗得清洁，致发中都生虱子，无法驱除，任其吸血寄生，奇痒难过，日夜受罪。那时全校师生都有辫有虱，独鲁迅一人剪发，天天洗头，无一虱子，学生都羡慕他，认为剪发最好，引起了我们对剪辫去尾的强烈要求。

（二）服装洋化。

鲁迅先生初到府中时，常喜穿着洋服，头戴礼帽，足登皮鞋，手拿洋杖，健步如飞，在那时除少数外国传教士穿洋服外，中国人都是长袍马褂，无人穿洋装，我见到的穿洋服的中国人当以鲁迅先生为第一个。十六七岁的小伙子，最喜欢新奇事物，见到鲁迅穿洋装，拿洋杖走路，认为是进步、维新、文明的表现，大家羡慕得很。在上体操课时，我们穿着操衣，在操场上，未开始体操之前，常手拿竹棒，模仿鲁迅先生走路的姿势以为乐。

（三）容貌端正，举止大方。

鲁迅先生来校时我正好 15 岁，他比我大 14 岁，仅 29 岁。当时他正在青壮年时代，身材中等，面白，发浓黑，留有小胡子，目光炯炯，一见面就可知其能鉴貌辨色，识人隐微。当时他是翩翩青年，身体康健，腰背笔挺，走路嗒嗒有声，对学生和蔼可亲，有问必答，循循善诱，毫不摆架子；与其他长袍马褂，手持水烟筒或短烟管，弯躬曲背，走路蹒跚或踱方步，对学生道貌岸然，架子十足，别人不敢接近的教师截然不同。所以他进校后，学生谈论中认为他是教员中的“明星”，得有这样的一位老师，是全校的光荣，也是当时绍兴府中学堂先进、进步的标志。

三、 鲁迅先生讲课的特点

鲁迅先生进校后，在开学或其他大会上时常对我们演说（即现在的讲话），他博古通今，议论恰当，口齿流利，博得全校师生好评。至于讲课也同样与众不同，一般教员不论国文、史地、经学甚至英文，均用填鸭灌注式，要我们死记硬背，不求甚解，讲解时照本宣科，读完了事。所以我们有时听课不感兴趣，午后疲倦，多闭目打盹儿，大家对某些先生讲课，称为“催眠课”。独有鲁迅先生讲课用启发式，深入浅出，易于明了，比喻确当，入耳不忘。他有时说话幽默，诱人深思，使我们百听不厌，讲完后即记住，无死记硬背之苦。我记得有一次上生理卫生课，讲到口腔，除讲口腔的构造外，他在黑板上写了“细嚼缓咽”——“狼吞虎咽”八个字。他说：古人云“病从口入”，意思就是吃东西要当心，要有技术。口腔是吃东西的第一关，吃饭时要细嚼缓咽。所谓“细嚼”，是要善于利用牙齿。齿共有三十二个，有门齿、犬齿、臼齿三种，门齿扁而宽，正如刀，利于切断；犬齿尖锐，正如叉，利于吃肉；至于臼齿，宽厚而上面凹陷，正如一具磨或捣臼，利于把饭或馒头等物捣成浆状。三者分工合作，对食物进行物理的加工。所谓“缓咽”，就是食物进口后，须有一定时间加工，不可急于咽下。“狼吞虎咽”正与“细嚼缓咽”适得其反，极易引起消化不良，导致胃病。因为我们平常以米或面粉为主食，饭或馒头等进口后，除用齿嚼碎的物理作用外，还有口中的唾液，内含淀粉消化酶，和米麦的淀粉质拌和后，能使淀粉转化为糖，入胃易于消化吸收。吃饭时愈细嚼愈觉其味变甜，就是淀粉转化为糖的证明。更如制甜酒酿须加白药(内含淀粉酶)，制米糖须米饭加曲，道理都相同。经这样讲解后，我们十五六岁的小孩，都心领神会，印在脑中，至今也没有忘记。其后学期考时就有一个题目“吃饭细嚼缓咽有何利益?”大家凭记忆，执笔直书，洋洋一大篇，都得到好成绩。考后皆大欢喜!

我一生自25岁起开始教学，迄今已六十载，由于童年遇名师，循循得善诱，深感教授法的好坏，与教学效果息息相关，故自执教以来，除编好讲义供学生自学外，讲课时不照本宣科，使用启发式讲解，听者印象较深，易于心领神会，似乎教学效果较好。我回忆过去，饮水思源，这启发式教课的种子，来自我师鲁迅，应当衷心铭感！惜我非高徒，无术传真，画虎类犬，远不及鲁迅先生于万一，深感遗憾。

四、 鲁迅先生率领绍兴府中学生参观南洋劝业会

前清末年，帝国主义对我国的经济侵略日益加剧，市场上洋货充斥，价廉物美，我国民间手工业，几濒破产。利权外

溢，民生凋敝，国本飘摇，岌岌可危。当时爱国有识之士认为非发展实业不足以救亡图存，于是向清朝皇室建议在南京开南洋劝业会，因当时南洋各地侨胞甚多，富有资财和开办工厂的技术，故名此会为“南洋劝业”，借以吸引华侨到国内投资设厂，振兴实业。

所谓劝业会和现在的工农业展览会相似，因当时南京地居南北要口，有沪宁、津浦两条铁路与长江航运通过，交通便利，便于展览品运集和参观人来往，会场设在城内丁家桥，除偏远省区如西藏、新疆、甘肃、青海、东北等当时工业品出产不多，交通阻梗，无法参加产品展览外，其余内地各省均各设专馆，例如浙江馆、江苏馆、江西馆、湖北馆、广东馆……陈列各自的特产和古物珍宝，新奇的舶来品如玻璃用具、时辰钟等均可展出，更可将名胜古迹如湖北的“黄岗竹楼”做成大模型供人欣赏。总之各馆展品各有特色，争妍斗美，琳琅满目，古今俱全，中外兼备。年轻人参观后虽不会即去兴办实业，但可以扩大眼界，增益许多知识。

七十年前十多岁的中学生，初出乡间茅庐，正如井底之蛙，虽咯咯争鸣，但所见极少。除过去乡间封建迷信事物，如牌坊、祠堂、坟墓、庵堂、庙宇、菩萨、迎神、赛会等耳濡目染、无所不知外，其余那时世界上因科学发展而来的新生事物，例如电灯、电话、煤气灯、电车、火车、大轮船、铁路、马路（即现在的公路），甚至马车、黄包车都仅有耳闻，没有亲眼看到。大家相聚谈论时，叫电灯为“自来灯”，天黑不用火点即是，天明不必口吹就灭，不怕风吹雨淋。我想来想去，不明其理，误认为电灯和人一样有知觉，天黑来，天明去。所以学物理时涉及到电，我听了莫名其妙。因为理论脱离实际，初步概念也无法得到，更不要想融会贯通了。

鲁迅先生留学日本，博览群书，见广识多，深知“百闻不如一见，百见不如一试”的至理名言。认为要学生学懂科学，求得知识，不论文科或理科，必须接触实际，见到实物，亲身尝试一下，才能心领神会，易于掌握。因此他于1910年秋建议学校，把校章所规定的秋季远足旅行改为参观机会难得、轰动一时的南洋劝业会，以增益学生知识。消息传来，学生皆大欢喜。由于路远川费多，要求参加的学生各交纳银洋十元，不足之数由校补贴。我也筹措十元交去，同去参观了。

去时由鲁迅先生领队，先自绍兴坐大船一夜到杭，次日坐沪杭车至嘉兴下车，转坐小火轮一夜到苏州，再上沪宁路火车直达南京。这是因为当时上海有外国人占领的租界（殖民地)，要排队经过，须经外国人批准。如果自杭坐火车到上海，因沪杭和沪宁两路未接轨，须自南站下车走到北站，几百个从未出门，不懂事的小伙子，经过十里洋场，正如刘姥姥进大观园，样样新奇，东张西望，拖沓缓行，不仅有人会落伍失散，且电车飞驰，不知让避，有被碾死危险。鲁迅先生考虑周到，为了我们安全，决定取道自嘉兴至苏州，避开上海。

当时火车行驶甚慢，自苏州至南京约需七八小时，故自苏州于近中午上车，至南京下关已灯火齐明了。这样慢的火车我们还怨坐车时间太短，未能满足好奇欲望。因当时内地交通以脚划船为最快，划船靠脚撑，火车有蒸汽机推动，快慢相差甚大，以划船速度来衡量火车的快慢，所以坐的虽然是“老爷车”，我仍觉其快如飞，和现在舍火车坐飞机的感觉一样。

车到南京下关，已到了目的地，即相偕下车，在站台上排队。抬头一望，见到对面狮子山上有用电灯排列成的约一米见方的“南洋劝业会”五个字，这对未曾见过这么多电灯的小伙子，正如进入梦境，天下竟有这样光明照耀的大字，几百双小眼睛都被它吸引住，即使看到天明灯灭，也不会厌。大家都齐声称赞：好极！鲁迅先生领我们到此，真不虚此行！

在车站排队步行至城内丁家桥劝业会所设的浙江招待所住

宿，招待所与会场正门近在咫尺，便于每天到各馆参观。浙江馆陈列各种丝织品以及铜器、锡器、剪刀、纸扇、天竺筷等浙江各地特产，应有尽有。我记得湖北馆除陈列该省特产外，还用竹造了一座古迹“黄岗竹楼”的大模型。我们读过《古文观止》一书中的《黄岗竹楼记》，见到了这模型，所记历历在目。大家登楼围坐畅谈，宛如身处古代，其乐无穷！江西馆以瓷器为主，古代细瓷也多陈列，琳琅满目，今古俱全，真是美不胜收。我最感新奇的是广东馆，因为来自国外的机器、时辰钟和玻璃器皿甚多，在那时玻璃器皿极少，一只玻璃瓶（叫洋瓶），也视同至宝。该馆有一张玻璃方桌来自外洋，全体以玻璃制成，亮晶晶，滑溜溜，我摸了又摸，看了又看，还要用脸贴在桌面擦擦，爱不忍离！

我们除白天参观外，最喜夜游，因为夜间电灯齐明，而尤以正门口彩牌楼电灯特别多，黑夜如白昼，习惯于室内点油灯的人，一明一暗，天差地别，故常流连灯下，直到夜半始回。过去以为电灯有知觉，能自来自灭，这次看到有开关装置，错解才消除了。

这次在南京参观约一星期，正值秋高气爽，无风无雨，真使我们心旷神怡，其乐无比！短短几天，眼界开阔，增加知识不少，真是此行胜读十年书。参观毕仍循原路回校。大家除庆祝一帆风顺、胜利完成参观外，都说绍中的井底蛙已由鲁迅先生率领，游过汪洋大海了！

五、 发现鲁迅先生从日本带来的轧发剪，突然兴起学生剪发潮

自南京参观回校后，见到了外面的情况，学生思想进一步解放，大家指摘满清朝廷的腐败无能，仇视压迫统治的情绪，日益加剧。而尤以对我们切身痛痒相关的“猪尾巴”辫子，拖在后面，工作生活，深感不便，且发长生虱，又脏又痒，昼夜受罪。早想学鲁迅先生的样子，把它一刀剪掉。过去虽早有此意，但因胆小，没有决心。这次远到南京，见过大场面，壮了我们的胆，发现有一把鲁迅先生的轧发剪，交给了剃头师傅，我们十几个学生就要求剃头师傅为我们剪去猪尾，剃头师傅欣然允诺。有人又去问鲁迅先生，他说：剪去辫子是好事，迟早总是要剪的，但现在暂不要剪……其言下之意是怕满清统治者要干涉，学生反抗要吃亏。但我们年轻不识时务，认为鲁迅先生也赞成我们剪发，于是一夜之间把十几根“尾巴”都

剪去了。剪发后校长和其他教员因鲁迅先生无辫，不便说无辫不好，毫无反对之意，且其时正在年假前，不久放假回家，一场剪发潮，就烟消云散了。

在前清剪发是革命造反的标记，鲁迅先生因留学剪发，回国后未留发打辫子，既成事实，情有可原。我们小伙子擅自剪发，封建王朝安肯闭眼不加过问。在年假期，我们剪发事有人向杭州学台报告，假满回校，果然学台派大员来校，命令未剪的不得再剪，已剪的“限期蓄发”，如抗命不蓄，就要开除。从此我们剪发的人背上了包袱。但鲁迅先生很好，他宽慰我们说：“命令上面讲不蓄就开除，只要现在开始蓄就行了。”这样我们就放下了包袱。这命令是在宣统三年（1911 年）上半年，下半年武昌起义，绍兴随之光复，大家都要剪发，我们似乎有了先见之明，早就剪去，非常高兴！

六、 鲁迅先生领学生至绍兴附近远足，探访名胜古迹

绍兴山清水秀，人杰地灵，历代多出名人隐士，名胜古迹不少。鲁迅先生博学多才，熟读古书，喜寻幽访胜。来校后带

领学生去远足旅行，绍兴附近的名胜古迹如兰亭、快阁、柯桥、七星岩、禹陵、东湖等处都去过。去时远的坐大船，近的步行。但自仓桥至出城一段路，城内河狭，大船不通，必须步行。故在远足出发时，学生常着操衣，按年级的高低，依班级次序排成长队，前面有年龄较大的学生一人手执领杆，指挥军乐队。乐队由大鼓手和洋号手组成，大鼓在前，随领杆一上一下的挥动，鼓手砰、砰、砰……用力打鼓，后面吹号手若干人轮流吹洋号，使整个队伍，精神振奋，步伐整齐，没有一个落伍的。乐队左右有领队的先生做开路先锋，鲁迅先生常穿洋服(很少因天冷穿中装)，戴礼帽，手执洋杖领先；学生见他雄赳赳，气昂昂，走在队伍前面，觉得很神气，认为是无上光荣。队伍经过处，居民闻乐队鼓号声，男女老少，夹道观看，议论纷纷，说这么多高低几乎相同、白白胖胖的小孩子不知哪里选来的，嗯！还有一位先生像外国人……凡我们走过处，群众见到队伍，都知道是府中学堂学生远足，认为现在教育和过去考秀才、举人及读“四书”“五经”的时代大不相同了。除鲁迅先生外，还有一位教琴歌的老师，也喜走在前面，他脾气横蛮，遇到有乡人走过碰他一下，他就用手杖打人，学生因他仗势欺压人民，很不喜欢他，背后骂他野蛮。鲁迅先生手中虽有手杖，但从来不打人，为我们树立了好榜样。我们称他是文明人。

鲁迅先生领队远足，并不是专为游山玩水，他的肩上常用皮带挂着一个绿色长腰圆的洋铁标本采集箱，还带一把日本式桑剪，沿路采植物标本做教材用。有一次我们列队步行至城外，坐大船前往七星岩，鲁迅先生喜坐船头，远望沿途风光，我正在其旁，见到这绿色铁箱，我问这箱有何用，是药箱吗？因为我知他学过医，可能是采草药用的箱，他幽默地答："葫芦里卖药，小孩子不懂的，这是采植物做标本用的，叫植物标本箱，来自日本。"

鲁迅先生每到一处参观，常对学生说明古迹的来历和名人的轶事，娓娓动听，使我们感到极有兴趣。他在绍中时，我没有见到他吸过烟，因为那时国内尚无香烟厂，香烟在内地尚不通行，吸烟以老先生为多，出门须带旱烟管或水烟筒，极为不便。但我在远足时见他吃水果糖，因为我坐在他的旁边，他给我两粒，叫我尝尝。我尝后觉得这糖甜而微酸，且有佳香，很清口。我问他："这叫什么糖？"他说，叫马尔顿（Morton）糖，是用一种名叫马尔顿的橘子汁加入糖中炼制而成的，来自国外，在绍兴城只有一家在大路（街名）上的洋书店兼洋货店的铺子名叫“教育馆”的，专售进口英文书和玻璃器洋货的店内有出售。这家店是我们常去买英文原本书的，取名曰馆，因为其时上海有一家著名书店叫商务印书馆，因之内地出售洋装书和新式文具的店，常以馆为名，而不叫店或号了。这样改名，是当时表示所谓“文明”的暗示。在外洋文化初流入内地时，一切崇尚所谓文明，例如称白话通俗的戏剧叫文明戏，新式结婚叫文明结婚，遮日凉伞叫文明伞。

在宣统三年（1911 年）春曾到禹陵远足，并摄影留念。这次因春寒鲁迅先生穿了长袍，照片时立在百步阶上边，我也在其中。那次远足规模最大，全校五班（当时中学为五年制）均参加，如王文灏（即铎中）是最高班，拿领杆的，我为二年级第一学期，与一年级新生班都是低年级，拍照时坐在地上。当时高年级与低年级年龄相差四五岁，低年级生一般在 20 岁以下，高年级生多在 20 岁以上，学识较高，常有支配低年级的能力，所以学校大事，高年级生占优势，不论坐船、坐车、拍照……高年级常占较好位置，远足、起风潮、闹饭厅都是高年级带头，低年级仅附和而已。这种以高压低的情况，照片上完全可以看清楚。那次远足鲁迅先生一如既往，为学生讲解禹陵来历和大禹治水一心为公、三过家门而不入的事迹，我们当日都戴白花，就是为表示爱戴和纪念孜孜为民服务的伟人的功勋。鲁迅先生那天除采植物标本外，还拾了不少石块，带回做矿物标本。那时候大多数教师都以教书本为主，实地采标本，理论联系实际的真是凤毛麟角。鲁迅先生是我一生最初见到采标本供学习的第一人。我一生学园艺农业，喜用标本与书本所说对照学习，是童年受到他的启发与影响之故。这对我一生学习是大有好处的。做教师的人重在以身作则，使学生模仿；空口说白话，往往不能取信于学生。

七、 鲁迅先生在绍兴光复期前后的活动

1911 年 10 月 10 日武昌起义，全国各地风起云涌，响应起义，先后光复。封建官吏逃亡，清皇朝惊慌失措，无法维持，宣统被迫逊位下野。当时绍兴也不例外。由于南京革命军政府尚未派人前来，青黄不接，处于无政府状态，易被坏人出而捣乱，影响治安。绍兴府中为其时绍兴最高学府，规模宏大，师生众多，为人民表率，不应有所妄动，以免引起骚乱。但当时青年学生因学校已停课搞革命活动，就想离校回家去玩。事为鲁迅先生所知，他当时又被请暂代监学，管理学生，责无旁

贷，于是告诫学生，清朝统治结束，官吏逃亡，理所当然；我们都是中华人民，是国家的主人翁，应挺身而出，为维持治安而献身，绝不可因停课而回家休息，置国家大事于不顾。他出布告禁止学生擅自离校回家，要求告假而无确实理由者也一律不准。同时一部分学生组织成保安宣传队，每天早晚到大街巡逻，有时鲁迅先生也带头同去。出去时手持宣传牌的走在前面，牌上写着宣传布告，大意谓光复了，清朝官吏已走，店铺应照常营业，各人各安其业，切勿惊扰，更不可造谣惑众，或轻信谣言……这样巡逻宣传后，人心大定。不久省军政府在杭州成立，通知将派人带兵来绍，组织行政机构。接到通知后，鲁迅先生如期率领学生和群众出城，欢迎革命军来绍。那天自下午起出迎，至傍晚才见有大船十多只（实为第二天才到，此处记忆有误——整理者），满载军官和士兵来临，上岸后得知带头的都督为大家一向所熟知其名的王金发。他虽出身绿林，但参加辛亥革命，很勇敢，对攻克南京有功，故命他来绍做都督。鲁迅先生对他的过去历史，也甚熟悉，他对学生说：王金发对这次革命有功，自应论功行赏，叫他继续工作，只要他能为民做好事，我们应当欢迎，如果将来他做得不好，人民仍有批评监督之权。这样一说，学生就不再对他议论纷纷了。

八、 鲁迅先生离绍兴

王金发到绍兴后，组织了新的军政分府，自任都督。旧官绅竭力钻进新政权，并用种种办法包围它，军政分府中有不少坏人。

王金发到绍兴当都督后，任命鲁迅先生为山会师范学堂监督。但府中学生王文灏等，毕业后不再去升学，就在绍兴办《越铎日报》，因不满意军政分府在绍兴的所作所为，想批评监督他们。但因自己初出茅庐，在社会上地位还不够高，时常叫老师鲁迅写文章，为《越铎日报》增光，并为他们撑腰。鲁迅先生素性刚直，笔又锋利，所写文章，常批评军政分府中一些人的劣迹，大快人心，但触怒了当权的一批人，谣传纷纷，要暗害鲁迅先生。鲁迅先生并不以此为惧，常对我们说："他们也是人，我有权利对坏人坏事批评，理直气壮，何怕之有。"其后不久，蔡元培先生在南京任教育总长，函招鲁迅先生前往协助，绍兴许多朋友又劝他暂离绍兴，鲁迅先生就离绍赴宁，其后又随政府北迁，在教育部工作，我们就和这位好老师告别了。

九、 我北农毕业赴日留学前，拜访鲁迅老师，他对我的临别赠言

1912年鲁迅先生离绍后，我于1913年冬因毕业考引起风潮，与其他四个代表被开除出校。至1914年夏，我以同等学历考取国立北京农业专门学校农科，这是当时我国仅有的农林畜院校，是现在北京农大的前身，也是五四运动时期活跃的国立八校之一。我考取后，即到北农校入学，因校址远在北京西郊阜成门外罗道庄，距城较远，当时鲁迅先生虽也在北京，但我无暇前往拜访，重坐春风。我在校三年，于1917年夏毕业。刚好那时母校为缺少农场实习教员，向教育部请准，派农林本届毕业生各一名，前往日本学习，三年为期，回国后到母校任教。按毕业成绩名次，我得被选派，经教育部考试及格，决定赴日。我知鲁迅先生多年在日本，对该国情况熟悉，于是于离京前某日下午前往北京绍兴县馆鲁迅先生住处拜访，请其指教应如何赴日学农业。见面后，他还认识我是绍中学生吴仁昌，但因我入北农时为了表示决心学农，已改名为“耕民”，号叫“润苍”，与“仁昌”二字同音。他幽默地说：“你学农改名耕

民，名实相符，很好。”接着我就说明来意，要求他指导如何到日学习。他说：“你已农校毕业，且成绩不错，对农业科学已略有根底，能到日本再去学习，使理论联系实际，很好。日本农业研究与生产似较中国进步，农艺、园艺、茶叶、蚕桑、畜牧、林业等都各分别设科研究学习，不像中国现时仅分农林两科。”他叫我到日本后，不要贪多，样样都学，应选其中自己喜欢的专攻一门，则三年有成，回国后可以发挥所长了。并说他过去在日本住过北方，见到日本青森一带所栽苹果甚多，品质也好，南部沿海温暖，多种橘子，有名叫温州蜜柑的一种橘，完全无核，大量运销海外。叫我到日本后，再向学农的中国留学生详细打听，选定学校或试验机关，从师学习。他并嘱我先到东京短期学习日文，至少要学得能看书，会话须经一年左右，多听多讲，自然能学会。这样谈话约一小时，我觉得鲁迅先生一如往昔，对学生和蔼可亲，诲人不倦，说话娓娓动听，含意深长。因不便多扰，我就起身告别。他祝我远渡重洋，一帆风顺，并勉励我努力学习，学成归国，为祖国作出贡献。他送我至门外，从此我告别了我最敬爱的老师。回忆往事，历历在目。现在就记忆所及，拉杂陈词，略叙我的怀念。不对之处，尚希读者多多指正为幸！

鲁迅的小邻居俞芳（代跋）

顾明远

“文革”期间我读完了《鲁迅全集》，觉得鲁迅有许多精辟的教育思想，萌发了开展鲁迅教育思想研究的想法，并在1979年第一次全国教育规划会上立了项。当时负责教育规划的是中央教科所的王铁。他宣布这次规划没有经费，“谁烙饼谁吃”。于是我只好自己动手搞起来。

一天，家里来了两位客人，一位是杭州大学教育系教师金锵（后任杭大副校长，教育史研究教授），一位是杭州学军中学校长俞芳。他们也想研究鲁迅教育思想，专门到北京来访问鲁迅三弟周建人。我们见面，一拍即合，于是就合作起来共同研究。我们分了工，我研究并撰写鲁迅的教育实践和教育思想部分，他们两位访问鲁迅健在的学生和认识鲁迅的人。经过两年的努力，《鲁迅教育思想和实践》一书终于在 1981 年鲁迅诞辰一百周年之际，由人民教育出版社出版发行，封面请周建人题了书名。此书分三部分：第一部分是鲁迅从事教育工作的实践部分；第二部分是论述的鲁迅教育思想；第三部分是鲁迅的学生忆鲁迅。前两部分的研究是否确当，大家还可以研究讨论。“鲁迅的学生忆鲁迅”部分是十分宝贵的记忆。有川岛、唐弢、冯至、许钦文、黄源、李霁野等人的回忆录，都是 20 世纪 30 年代文坛的著名人士。这些学生在俞芳他们访问后不久就相继离世了，所留的回忆录已经成为珍贵的研究资料。我们在 2000 年夏天又对此书进行了修订。俞芳、金锵重新认真审读了一遍。新版增加了“鲁迅教育论著选编”，于 2001 年鲁迅诞辰一百二十周年时出版。

俞芳，鲁迅的小邻居，小朋友。1923 年鲁迅与周作人决裂后，搬出了八道湾，搬到了砖塔胡同 61 号。房东就是俞芳三姐妹，当时俞芳才十二岁。鲁迅虽然只住了十个月，却写了《祝福》《在酒楼上》《幸福的家庭》和《肥皂》四篇小说，并在与俞芳姐妹的交往中给她们留下了极为深刻的印象。后来鲁迅搬到阜成门内西三条胡同21号，俞芳与鲁迅一家仍有往来。鲁迅南下后，俞芳还经常去看望鲁迅的母亲鲁老太太，和鲁老太太聊天，帮助鲁老太太给鲁迅写信等。所以俞芳很了解鲁迅一家的生活。1981年俞芳出版了《我记忆中的鲁迅先生》一书，讲述了她和鲁迅交往的故事，使我们认识到了鲁迅的另一面。大家都以为鲁迅是非常严肃的人。但从俞芳讲述的故事中，可以看到，原来鲁迅是一个非常有童心，有情趣的人。他经常给俞芳和她的妹妹讲故事，讲笑话，送玩具，教她们学

左起：金锵、周蕖、俞芳、保姆

习，给她们讲科学，从中可以了解到鲁迅对青少年的关爱。

合作以后，我们和俞芳就成了忘年之交。俞老每年春天都要给我们寄西湖的新茶。我们每次到杭州去，不可或缺的一件事就是去拜访俞芳老人。特别是2001年我受聘为杭州师范大学学术委员会主任以后，每年到杭州都会去探望她。她虽然年事已高，但不忘学习，了解国家大事、当前教育动态。每天都要看几份报纸。我去了，总要与我讨论教育中的问题。我们还常常聊聊当年鲁迅家的故事，聊聊现在的时事，教育，家长里短，并且有好几次她留我们在家里吃饭。2011年春天，我们和金锵在俞老家里为她庆祝百岁寿辰，十分欢乐。

俞芳还是我们北师大校友，她1934年毕业于北师大数学系，后来到浙江的中学任教。抗战期间，在艰苦的岁月里培养

金锵帮助俞芳切百岁生日蛋糕

了许多爱国青年。小说作家金庸就是她的学生，曾写文回忆俞芳老师教书的情景。1995年金庸到杭州还专门去拜访这位老师。新中国成立后，俞芳在杭州大学数学系、杭州大学附属中学，也就是后来的学军中学教书，曾任学军中学校长。2011年7月她诞辰一百岁，学军中学为她举行了庆祝百岁寿诞大会，金庸专门写了一首七绝，铭感俞芳老师的大恩：

金戈铁马儿女情，百变千端合人心。

代数几何符逻辑，细思其理感大恩。

我特地报告我校领导，北师大校友会派人专程去祝贺并送了寿礼。周令飞和海婴夫人也去参加了，可惜我们未能出席。第二年6月俞老不幸过世，享年101岁。

斯人已逝，音容犹存，将“我记忆中的鲁迅先生”和“鲁迅的学生忆鲁迅”这两部分既有历史价值，又能帮助青少年读者了解鲁迅的内容，合编成册、整理出版，是我们对逝去老人们的最好纪念。

最后，感谢开明出版社和编辑同志的精心设计和编校工作，以及关心此书出版的朱永新教授，使本书得以与读者见面。

2023年6月9日

图书在版编目（CIP）数据

记忆中的鲁迅/俞芳，金锵著. --北京：开明出版社，2023.7

ISBN 978-7-5131-8094-8

Ⅰ.①记… Ⅱ.①俞… ②金… Ⅲ.①鲁迅(1881-1936)-生平事迹 Ⅳ. ①K825.6

中国国家版本馆 CIP 数据核字(2023)第 075845 号

责任编辑：卓玥　张慧明

书　名：记忆中的鲁迅
出版人：陈滨滨
作　者：俞芳　金锵
出　版：开明出版社（北京市海淀区西三环北路 25 号　邮编 100089）
印　刷：天津市新科印刷有限公司
开　本：890mm×1240m　1/32
印　张：8.25
字　数：136 千字
版　次：2023 年 7 月第 1 版
印　次：2023 年 7 月第 1 次印刷
定　价：48.00 元

印刷、装订质量问题，出版社负责调换货　联系电话：(010)88817647